Мартыненко Татьяна

Психотерапия изнутри

Мартыненко Татьяна

Психотерапия изнутри

Заметки практикующего психолога

Bloggingbooks

Impressum / Выходные данные

Bibliografische Information der Deutschen Nationalbibliothek: Die Deutsche Nationalbibliothek verzeichnet diese Publikation in der Deutschen Nationalbibliografie; detaillierte bibliografische Daten sind im Internet über http://dnb.d-nb.de abrufbar.

Alle in diesem Buch genannten Marken und Produktnamen unterliegen warenzeichen-, marken- oder patentrechtlichem Schutz bzw. sind Warenzeichen oder eingetragene Warenzeichen der jeweiligen Inhaber. Die Wiedergabe von Marken, Produktnamen, Gebrauchsnamen, Handelsnamen, Warenbezeichnungen u.s.w. in diesem Werk berechtigt auch ohne besondere Kennzeichnung nicht zu der Annahme, dass solche Namen im Sinne der Warenzeichen- und Markenschutzgesetzgebung als frei zu betrachten wären und daher von jedermann benutzt werden dürften.

Библиографическая информация, изданная Немецкой Национальной Библиотекой. Немецкая Национальная Библиотека включает данную публикацию в Немецкий Книжный Каталог; с подробными библиографическими данными можно ознакомиться в Интернете по адресу http://dnb.d-nb.de.

Любые названия марок и брендов, упомянутые в этой книге, принадлежат торговой марке, бренду или запатентованы и являются брендами соответствующих правообладателей. Использование названий брендов, названий товаров, торговых марок, описаний товаров, общих имён, и т.д. даже без точного упоминания в этой работе не является основанием того, что данные названия можно считать незарегистрированными под каким-либо брендом и не защищены законом о брендах и их можно использовать всем без ограничений.

Coverbild / Изображение на обложке предоставлено: www.ingimage.com

Verlag / Издатель:
Bloggingbooks
ist ein Imprint der / является торговой маркой
OmniScriptum GmbH & Co. KG
Heinrich-Böcking-Str. 6-8, 66121 Saarbrücken, Deutschland / Германия
Email / электронная почта: info@bloggingbooks.de

Herstellung: siehe letzte Seite /
Напечатано: см. последнюю страницу
ISBN: 978-3-8417-7236-7

Copyright / АВТОРСКОЕ ПРАВО © 2013 OmniScriptum GmbH & Co. KG
Alle Rechte vorbehalten. / Все права защищены. Saarbrücken 2013

Содержание

Содержание 1

Введение 3

Раздел 1 Незрелость 5

Раздел 2 Кризисы и травмы 15

Раздел 3 Чувства 21

Раздел 4 Близость и зависимость 39

Раздел 5 Отношения 57

Раздел 6 Дружба и любовь 73

Раздел 7 Гендерное 78

Раздел 8 Агрессия и контакт 90

Раздел 9 Экзистенциальное 103

Введение

Я психолог и практикующий психотерапевт в направлении «Гештальт» (Gestalt). Много времени своей жизни я посвятила изучению данного метода на практике, как в индивидуальном консультировании, так и в групповой терапии. Однако же, самое ценное в моем увлечении гештальт-терапией – это собственно, мой личный клиентский опыт. Для меня психотерапия – это не только профессия, это образ жизни и личная философия. Это путь осознанного бытия. Именно поэтому, у меня есть большое желание делиться своими мыслями, чувствами и переживаниями с людьми, которым близок такой взгляд на мир.

Эта моя книга освещает различные психологические и экзистенциальные проблемы через призму моего опыта и восприятия. Я начала вести блог еще на самой заре моей практики: мне важно было получать отклики других людей на мои мысли и соображения, чтобы лучше понимать о себе. Со временем, получая все больше благодарности за свой труд, я осознала ценность того, что я делаю.

Все мои заметки написаны на вдохновении от собственных глубинных открытий в процессе моей личной терапии, а также участия в группах и работы с клиентами. Поэтому, осознание мной каких-то вещей «про жизнь» вполне может включить осознание у кого-то и привести к инсайту. По себе знаю, что иногда бывает достаточно небольшого толчка извне, чтобы получить простой ответ на сложный вопрос.

В этой книжке собраны заметки за период 2011-2013, и мне лично очень заметна разница в записях разных лет. Я меняюсь и расту, набираюсь опыта и мудрости, становятся актуальными новые темы. Поэтому, если вам отзывается то, что я пишу, вы можете также заходить на мой личный сайт http://libido.in.ua, где я регулярно размещаю свои новые заметки.

Незрелость

Инфантильность и взрослость

Если рассматривать тему взросления с точки зрения гештальт-подхода и фигуро-фоновых отношений, то какая у нас картинка получается... Ребенок от взрослого отличается тем, что может удерживать вниманием один-два контекста, где-то так... Его желание, объект потребности, получается слишком интенсивной фигурой, заряженной до предела, но при этом, фон практически не учитывается. Например, ребенок хочет игрушку: он ее так хочет, что все остальное в мире перестает существовать, пока эта потребность не удовлетворится, или другая не заменит ее. При этом ребенок не учитывает контекст происходящего, в силу своего развития, ведь он еще многих вещей не понимает, например, что такое «нет денег», или «мама устала» – то есть, различных причин, почему «не дают».

Так же и человек, которого можно назвать инфантильным, не особенно волнуется о потребностях тех, кто рядом, не задумывается об их мотивации - в общем, не учитывает контекст, фон. Если такой человек хочет любви, то он просто требует ее и обижается, если не дают. При этом он может вести себя очень агрессивно и злобно ранить другого, потому что не понимает: как же так?! Мысли о том, что он, стало быть, недостаточно хорош в целом вызывает у него сильнейшую обиду, как реакцию на отвержение значимым объектом.

Взрослость же, как синоним зрелости (в той или иной степени) это, скорее, вопрос ассимиляции опыта - обогащения себя практическим знанием о том "как вообще бывает". То есть, чем взрослее человек, тем он больше понимает про фон, на котором все происходит (выделение фигуры потребности, удовлетворение или растворение ее в фоне). И тогда эта самая фигура потребности не будет такой интенсивной, жгучей за счет того, что учитывается больше возможностей, а также не-возможностей ее удовлетворения. Помните анекдот про молодого бычка и старого, и про стадо коров? Вот...

Тогда взрослый и фрустрируется меньше, и меньше аффективных реакций выдает. Зрелая женщина не впадет в депрессию от того, что любимый мужчина ей не позвонил... потому что понимает, что это не оттого, что она "некрасивая и никому не нужна", а потому что разные факторы могут влиять на ситуацию. И тогда вариантов ее действий становится гораздо больше, чем в истерике разбить телефон об кафель и объявить войну всему мужскому роду.

Взрослый человек способен к ассимиляции своего опыта, становясь все более и более зрелым, способным творчески решать проблемы, а также помогать другим лучше понимать что-либо про себя и про мир. Так было испокон веков.

***

Сепарация происходит в тот момент, когда осознаешь, что трудно с родителями не оттого, что они тебя не любят, а потому что они иначе не умеют. Тогда появляется возможность прощать и других близких и важных и людей.

О злобных людях

Я хотела бы поделиться мыслями об одном из аспектов конфлюэнции (или слияния), как механизма прерывания контакта. В слиянии границы исчезают, и образуется единое целое, которое функционирует иначе, чем два отдельных элемента. Сливаться можно не только друг с другом, но и с идеями, представлениями о чем-то, со своими мечтами, например... Вот как раз про это современная поговорка: «Меньше ожиданий - меньше обломов». Выход из слияния всегда болезненный процесс, в той или иной степени; чувства при этом могут варьироваться от тихой грусти до ярости и сильной боли.

Так вот, люди, в целом склонные к слиянию, всегда имеют много злости в фоне. И это неудивительно. Вот, например, человек идет в магазин за хлебом и абсолютно уверен, что хлеб в (любом приличном!) магазине есть. А его раз - и не завезли. Вот как сегодня, например, в Киеве транспорт стоит уже два дня, и в магазинах хлеб закончился. И человек испытывает сильное возмущение, злость, и даже обиду, ведь он "им так доверял"!

Взгляните на наших стариков, которые большую жизни прожили в стране, где все было предсказуемо, где коробок спичек стоил пресловутую одну копейку, а проезд в транспорте - пять. В стране, где слияние было неизбежно, и даже необходимо для выживания: если начнешь выделяться - у тебя будут проблемы, а если рискнешь пойти против «священных» идей партии, то и вовсе уничтожат. Так вот, люди СССР так и не смогли принять реальность, которая очень изменилась, и сейчас не столько слияния, сколько расщепления - каждый стал сам за себя (капитализм проклятый!)   Послушайте, о чем они говорят: только о плохом правительстве, которое развалило страну, а они - пострадавшие, жертвы, которые ничего сделать сами не в силах для улучшения своей жизни. И только остается, что выливать свою злобу в разговорах на лавочках на тему, какая пенсия у чиновников, а какая у простых смертных. Но на самом деле, жаль их по-человечески, ведь, и правда, мало что могут сделать теперь.

Хотя, впрочем, почти все старики, во всем мире, ностальгируют по «старым добрым временам». А кто из нас не тоскует по беззаботному детству, когда родители пеклись и отвечали за наше благополучие?..

Вот, кстати, о родителях, отдельная тема - конфлюэнция с ними. Слияние, как неосуществленная сепарация, может присутствовать в разной степени и в разных формах (идеологическое, финансовое, эмоциональное...) И это может сильно влиять на жизнь, и скорее ее усложнять и даже отягощать - я имею в виду, у взрослых людей, конечно.

Если слияние мощное, на эмоциональном уровне, то человек не живет свою жизнь и даже не замечает этого. Человек каждый день совершает выбор, но его ли это решение? Вот девушка симпатичная глазки строит, и всем хороша, но уж больно фривольно одета, не пристало девушке... И дорого, кстати, в брильянтах вся - от «таких» нужно держаться подальше, сразу видно - хищница. Вот работу классную предлагают, но рискнуть придется стабильностью, и как-то стремно... а как же пенсия, стаж? Сегодня снова порывался уволиться к чертовой бабушке, но начальник убедил, что я для нашей компании очень ценный сотрудник, и зарплата у меня очень хорошая для моего уровня, и где мне будут платить больше в такое время? Да и как же я уйду сейчас, как брошу фирму в трудное время?

И человек обречен, ведь куда бы он ни двинулся, везде найдутся «мамы» и «папы». И фоновая злоба будет сопровождать его по жизни: чувство, что все время что-то нет так, но что?.. Неудачливая жизнь, не везет постоянно - за что же мне все это?? Может, Боженька меня наказывает за грехи? А может, карму где себе подпортил, да и не в курсе где... Вот, хоть бы и в прошлой жизни?

Да и это еще не все. В освоении чего-то нового, неизвестного ранее опыта, «конфлэнтные» люди очень уязвимы. Кто-то склонен заглатывать, не жуя, не ассимилируя, очередной совет или чужой пример и применять на себе. Кто-то, напротив, никому не доверяет, все отвергает в протесте или воспринимает как критику на свой счет. Огрызается, в общем. А все потому, что уже «закушался» когда-то, и «универсальное решение» все равно уже присутствует, незримо, неосознанно.

Ну, в общем, как-то так. Грустно, конечно. Но к чему грустить - жевать нужно! И все, что попадает вовнутрь, пропускать через свои чувства, дробить, усваивать. И если вдруг злоба поднимается удушливой волной, на вежливые и стройные речи очень милого, в целом, человека, то может быть, к ней прислушаться стоит, а не к его сладким речам?..

Страдания не имеют цены

«Мы любим Христа - кровоточащего и распятого на кресте. Это наш символ. Никто не интересуется Христом, воскресшим и вознесшимся на небеса. Мы хотим быть мучениками, неудачниками; мы не хотим успеха: бедные деточки, поклоняющиеся бедному ребенку».

Карлос Кастанеда

Не знаю, как так получилось, но в нашей культуре неистребимо живет идея про то, что в страдании есть некая ценность, которой можно расплатиться за какое-то благо в жизни. Может, это криво истолкованные идеи христианства, из которых все хотят повторить подвиг Христа на свой манер?..

Я соглашусь еще, пожалуй, с тем, что «страдания и боль очищают душу» - но это, скорее, про извлеченный опыт из своих страданий, который возносит человека на другой уровень психической жизни.

Но само по себе страдание не имеет цены. И это личное право каждого выбирать: страдать ли и мучиться, и при этом ждать, что это кто-то оценит и за это воздаст, или, все же, что-то делать для того, чтобы выйти на новый уровень качества жизни.

Это маленькому ребенку добиться своего легко, если демонстрировать маме свои невыносимые страдания. Но почему-то очень у многих закрепляется, по сути, та же самая схема в отношениях с Господом?!

Похоже, что христианская идея «Бог страдал и нам велел», которая, кстати говоря, может иметь совершенно разные трактовки, так ловко была искажена людьми в соответствии с их инфантильными привычками.

Еще бы, это ведь так удобно быть по жизни мучеником и вызывать у всех вокруг чувство вины или жалости, таким образом, всегда удерживая на себе внимание. Или получать всегда что-то сверх, как бесплатный бонус, не прикладывая при этом никаких усилий, в отличие от других - а так, на правах обездоленного.

Про обиду и обиженных

Очень меткое слово получается в русском «обидеться»: обидеть-ся, обидеть себя. Велик и могуч, как говорится, ведь обидеть, задеть - а тем более, унизить - человека можно только через его собственные чувства. Только если он сам себя с этим согласен, если сам себя таким ощущает, короче.

А иначе невозможно. Даже если обидчик делает это намеренно, он ведь всегда выливает свое собственное содержание, пытаясь наградить им кого-то. Так зачем же это на себя брать? Не стоит вовсе.

А есть еще такие индивиды, что и без намеренного действа, уже все на себя берут - и давай вовсю обижаться, тайно наслаждаясь вызванным чувством вины. Очень агрессивно это. Потому не зря на таких «воду возят», не зря.

Почем опиум для народа?

Не смотря на все большую популяризацию психологии и психотерапии, до сих пор, все-таки, в вопросах разрешения житейских проблем лидируют всевозможные религиозные секты и эзотерические школы. Я уже молчу о колдунах, бабках и экстрасенсах всех мастей. Сомнительные психологические тренинги типа абстрактного «личностного роста» я тоже отношу примерно в ту же категорию, ибо мне не понятно, как могут происходить изменения на личностном уровне за такое сжатое время, и только благодаря упражнениям на обретение каких-то навыков.

Почему людей так легко подкупают смелые заявления типа «сниму», «разрешу», «исправлю», почему они с легкостью готовы вручить себя, доверить самое дорогое – свою душу – неизвестной, тайной силе, совершенно забыв про собственную безопасность? Сумасшедшее доверие.

Похоже на то, что в состоянии отчаяния человек регрессирует и готов слиться, сдаться на чью-то милость, стать частью кого-то или чего-то.

Потерять свою функцию Эго, перестать что-либо решать в своей жизни.

Особого внимания заслуживает так называемое «магическое отношение к миру», когда человек уверен, что все имеет скрытый смысл в «тонком мире», и что не он сам осуществляет свои выборы, а Вселенная исполняет его желания, но якобы по его воле. То есть, он еще и «пуп Земли», в придачу - реально всемогущий! Очень заманчивая картинка получается...

Во всех подобных подходах привлекает легкость, быстрота и халява. Когда не нужно излишне напрягаться, не нужно ничего решать, а главное - не нужно прикасаться к собственному негативу. А ведь человек нутром чувствует, что не будет настоящих изменений легко и приятно! Поэтому психотерапия не так популярна...

Сопротивление, как защитная сила организма, не дремлет, и чем острее внутренние конфликты, тем оно сильнее включается. Так организм защищает себя от, такого пугающего, нового, от неизвестного, от боли изменений. До последнего надеется, что может быть, само рассосется?.. Это один аспект.

А другой «неприятный момент» в терапии – это то, что оказывается, работать надо, причем, какое-то время. И что денег это стоит. И что не будет вот так вот, как обещают на чудо-тренингах: принял участие два дня и вышел, как из какой-то фантастической рекреационной камеры - преображенный, уверенный в себе, красивый, сексапильный и богатый! За два дня. Но так не бывает. Хотя бы потому, что невроз «наживается» долгие годы, а психика человека довольно инертна, и потому изменять что-то в ней тоже нужно годами (если речь идет о взрослом человеке). Сами знаете, по своему опыту, сколько уходит времени на формирование новых рефлексов!

Попытаюсь в общих чертах описать задачи и возможности психотерапии, в контрасте с обещанием чуда:

- Научиться осознавать истинно свои потребности, отличать их от навязанных извне чужих потребностей;

- Научиться говорить о своих потребностях прямо и обращаться «по адресу», то есть, доносить их тем, кто их сможет удовлетворить;

- Со своей стороны, уметь принимать и ассимилировать то, что получаешь (типичный пример: человек хочет признания, но когда его начинают хвалить, то он оказывается не в силах это усвоить, и продолжает обесценивать себя и свои заслуги);

- Научиться осознавать свои ограничения, легче переживать фрустрацию, встречаться с несовершенством мира;

- Ну и, конечно же, принимать свое несовершенство, воспринимать себя целостно, со всеми своими сторонами и гранями, и учиться жить без оценок.

Мифы о бессилии

Мне часто, как психотерапевту, приходится сталкиваться с чувством бессилия: в индивидуальных сессиях, в групповой работе. Но все больше сдается мне, что во всем этом есть некий подвох, что с этим чувством нельзя справиться только в том случае, если сам терапевт об него спотыкается.

Переживание бессилия относительно какого-то явления природы мне понятно: вот, морозы сильные, например. Или, скажем, против физической силы противника, явно превосходящей мою, скажем. Финансовое бессилие (правда, если оно не хроническое) тоже могу понять. Но вот чувство бессилия в отношениях - нет уж, увольте!

Ну откуда, скажите мне, у одного человека возьмется столько власти над другим человеком? Или он не-человек? А кто же тогда: неукротимый зверь, или наоборот - сверх-человек, полу-бог? Ну вот, разве что...

Маленьким детям, да что там - детям вообще, пока не повзрослеют - свойственно наделять родителей силой богов-на-Земле. Когда «дети» вырастают, они могут еще долго-долго наделять сверх-силой своих родителей. Эта коварная привычка может проявляться, даже в вере в то, что стоит только освободиться от влияния матери/отца/первой учительницы... – так все, тут же наступит цветущая жизнь! То есть, стереотип, что все удачи или неудачи в отношениях, или в других сферах жизни, всецело зависят от проработки отношений с родительскими фигурами.

Но секрет в том, что полностью «освободиться» от влияния родителей попросту невозможно! Да и не нужно - они ведь всегда будут частью нас, и важно это себе присвоить. А все остальное - выбор самого человека. И «бессилие» в отношениях - тоже выбор. Только это не бессилие, как таковое, а просто нежелание с чем-то сталкиваться в этих отношениях. С болью, с ужасом, с какой-то неприглядной частью себя... То, с чем вполне возможно встретиться, если набраться храбрости - вот и все. Все вполне решаемо.

И нет никакого бессилия!

О позволении

Как ни это грустно звучит, но, похоже, и правда, человек всю жизнь ищет того, кто позволит ему быть самим собой.

Как только ребенок появляется на свет, на него тут же начинают как-то влиять, внедряя различные интроекты и установки, которые потом, в течение жизни, человек пересматривает, от чего-то избавляется... Это неизбежный и абсолютно нормальный процесс. И в дальнейшем, это уже задача самого индивида: нащупать среди этого хлама, собственно – себя, и выкристаллизовать свою собственную идентичность.

И с цинично-психологической точки зрения, каким бы свободным человек себя ни считал, а родительские запреты очень сильны, и многие их них действуют всю жизнь. Желание одновременно избавиться от этого влияния, но, при этом, получить признание, формирует позитивный детско-родительский перенос: некоторых людей мы склонны наделять образом «идеальных родителей», которые наконец-то примут нас такими, какие мы есть, и похвалят, и полюбят.

А с лирической - мы все стремимся к кому-то, с кем нам наиболее комфортно и легко. Это и называется интимностью - когда можно отпускать контроль и проявлять себя в полной мере, без страха быть отвергнутым.

Кризисы и травмы

Бегущие по граблям

Сегодня речь пойдет о так называемых «травматиках» - людях, которые живут с последствиями психологических травм, которые могут случиться как в раннем периоде жизни, так и в зрелом возрасте. Травматогенным событием может оказаться любая ситуация, которая окажется слишком «большой», чтобы психика смогла справиться с ней за счет своих адаптационных механизмов.

Травма, как и кризис, всегда связана с утратой какой-то ценности, разрушением картинки, представления о стабильности мира, значимых отношений и т.п.

Но, в отличие от кризиса, травма - это необратимое изменение, и целостность личности, с ее представлениями о мире уже никогда не будет прежней (по аналогии с физической травмой).

Если застарелая травма не была прожита и отреагирована вовремя, часто включается механизм возвращения. Когда клиент делает все возможное, чтобы возвратиться в подобную ситуацию и прожить ее заново в надежде, что на этот раз все будет по-другому.

Например, даже самая красивая и во всех отношениях достойная девушка, но которая усвоила урок от отца, что она «не такая», всегда безошибочно будет выбирать себе тех мужчин, рядом с которыми невозможно ощутить себя «такой как надо». Или же, например, мужчина будет неосознанно делать со своими женщинами нечто такое, что они все, как одна, ему будут изменять - если его скрытая потребность в том, чтобы прожить предательство «главной женщины» (мамы).

Более суровый вариант возвращения - виктимизация (victim (лат. - жертва), это когда клиент бессознательно моделирует травматогенное событие, чтобы снова его прожить. Известно, что люди, пережившие насилие, часто повторяют этот опыт, провоцируя на насилие: женщины, которых били мужья, в последующих браках также получают побои; изнасилованных женщин так и тянет к темным переулкам в поздний час в вызывающей одежде и т.д.

Однако, к сожалению, такие попытки справиться с травмой только приводят к, так называемой, ре-травматизации и только укрепляют уверенность «травматика» в его худших ожиданиях от мира. Складывается впечатление, что у человека с травмой, вроде бы, отсутствует свобода выбора, чтобы получать какой-то другой опыт, кроме этого повторяющегося и болезненного. Этот феномен называют «слепым пятном», в котором у человека отсутствует чувствительность к чему-то хорошему, он его просто-напросто не распознает. Например, женщина «несчастливая в личной жизни» никогда не обратит внимание на достойного мужчину: он ей покажется скучным и неинтересным, а то и вовсе противным. Зато какого-нибудь негодяя найдет «по запаху» моментально. Проводили интересный эксперимент: из присутствующих в зале 100 незнакомых мужчин «проблемной» женщине предлагалось выбрать того, кто ей больше всех понравится. И она безошибочно выбрила мужчину с такими же характеристиками, которые были обычно присущи всем ее бывшим мужчинам, с которыми ей так «не везло».

В общем, хочу предупредить, что справляться последствия травмы в одиночку крайне опасно, тут без психотерапии не обойтись. Это как в анекдоте: «Сам себе психолог – это как сам себе стоматолог: неудобно, больно, и чревато последствиями». В работе с травмой нужен профессиональный подход, чтобы обеспечить клиенту «выход за пределы» - чтобы выхватить его из череды повторяющихся ситуаций. Это происходит за счет проживания травмирующей ситуации заново, но уже в безопасной обстановке, чтобы «переписать программу» и закрепить новый паттерн. Это требует времени, но уж поверьте - гораздо меньшего, чем при самолечении.

Голодная боль

Часто в своей работе я наблюдаю такую картину: клиент остро нуждается в чем-то: в признании, в любви, в нежности... но этот его дефицит оказывается не так-то просто восполнить!

Как только терапевт, или кто-то из других участников группы, например, пытается его этим «накормить», он либо злобно это отвергает, либо просто сидит и горько плачет... При этом человек явно испытывает острую боль, хотя, по всей видимости, жаждет этой «пищи» всем своим существом.

Почему так происходит? Да потому что усвоить этот ресурс ему нечем. «Ферментов» нет! Или места в себе, куда это можно поместить. Так долго не кормили - а может, вообще никогда не кормили - что оказывается, дефицит остался, а способности его восполнить нет. В таких случаях приходится, как больного анорексией, долго прикармливать из ложечки, постепенно увеличивая дозу, удобную для переваривания.

Но еще бывает и посложнее, более запутанная схема... Если метафорически: кормить-то кормили, но по чуть-чуть, и всегда коварно подмешивая яду, в совместимых с жизнью пропорциях. То есть, такой клиент получал заботу, тепло, ласку, признание, но всегда вместе с чем-то амбивалентным: с виной, стыдом, злостью и т.д.

Это в психологии называется двойными посланиями, когда например, родители ребенка за что-то хвалят, но тут же искренне удивляются: мол, как это ты так умудрился - поверить не могу, что ты это ты сам сделал, на тебя это так не похоже!.. - то есть одновременно и обесценивают. Ну, или дают деньги, к примеру, или еще что-то, и при этом стыдят: когда ты уже сам зарабатывать будешь?! - ну и тому подобное.

Вот человек и привыкает ждать во всем подвох, двойное дно, и не может среагировать на теплый посыл одним только удовольствием. Он вообще не знает, как реагировать: принимать дар и насыщаться, или защищаться от опасности? В таких случаях приходится сначала проводить «детоксикацию» - избавление от паранойи - а потом уже пытаться откармливать вкусной и полезной «едой».

О «зубастиках»

Клиенты, пережившие травму отвержения в раннем возрасте, или очень много недополучившие от кого-то из родителей (или от обоих), часто склонны отрицать, что им от него (них) что-то сейчас уже нужно.

На самом же деле, все их поведение в жизни пронизано острой жаждой этой любви, которая нередко принимает форму настоящей кровожадности. Причем, это проявляется не только непосредственно в адрес родителей.

Для значимых людей, эти (родительские) фигуры олицетворяющих, пребывание рядом с такими «зубастиками» дается непросто. Контакт с ними переживается как тягостный, мало кто может выдержать такой натиск: не всем дано легко выдерживать смесь ярости и нежности одновременно, причем, большой интенсивности.

Человеку плохо: как быть?

В состоянии острого психологического кризиса человек теряет способность замечать свои ресурсы. А они есть — в том числе, все необходимое для выхода из кризиса присутствует внутри, — просто это все временно находится «не в том порядке, как обычно». Но человек испытывает иллюзию, что его ресурсы либо иссякли, либо их никогда не существовало, либо же к ним теперь нет доступа.

Поэтому для выведения из состояния «все кончено» так важно присутствие другого человека. Достаточно просто оказаться рядом, ничего специального делать не нужно. Все что требуется — это включенное внимание и искреннее участие. Самое главное — это оставаться живым! Тогда фокус внимания человека смещается с «поломанного Я» на «другого живого Ты», и катастрофическое восприятие реальности постепенно исчезает. За счет чего? За счет возвращения способности творчески воспринимать жизнь и к ней адаптироваться, «подсмотренного» у живого сородича. Это происходит автоматически.

Часто же «спасающий», при виде сильно расстроенного человека, сам теряется и начинает принимать какие-то «антикризисные меры», которые могут только усилить состояние и вогнать в печаль. Например, урезонивать человека, что то, из-за чего он убивается — сущая ерунда, тогда как жизнь прекрасна и удивительна. Этим он, во-первых, обесценивает актуальные переживания несчастного, а во-вторых, пытается навязать ему то, что он сейчас никак испытать не может. Таким образом, получается, что тот, кому так необходима поддержка, остается непонятым и отвергнутым.

Некоторые горе-утешители настолько пугаются сами, что пытаются даже запретить несчастному проживать свои аффекты: «Не реви! Прекрати! Соберись сейчас же!» Зачем? Кому это нужно?.. Ведь получается, что вместо оказания стабилизирующего и умиротворяющего воздействия, человеку транслируется враждебность мира. Получается, что быть не в ресурсе нельзя: ты или можешь разрушить мир вокруг, или разрушат тебя.

Третьи же, могут и вовсе «умирать» рядом, какие-то их собственные «шестеренки» заклинивают при виде разобранного в хлам человека. И тогда вместо живого участия будет выдано полнейшее равнодушие, которое, на самом деле, не что иное, как реакция шока.

В общем, сколько еще неадекватных способов «сделать хорошо», когда человеку плохо!.. Но активность как раз лишняя: как бы ни казалось сложным вывести человека из состояния острого кризиса, это не так. Главное, уметь выслушать и никуда не тащить. Если молчит, можно оставаться в контакте невербально: например, укутать, обнять, напоить чаем… Если прогонит — уйти, но быть в зоне досягаемости.

Человек — система саморегулирующаяся, поэтому чтобы помочь,

иногда достаточно уметь ждать, быть рядом и сохранять чувствительность к его темпу восстановления.

Чувства

О важности проживания

Раз за разом в клиентских сессиях сквозит одинаковый вопрос, на разный лад, но суть одна: и как мне тогда не злиться? как мне избежать боли? как избавиться от зависти, ненависти?.. В представлении многих, психотерапия - это целебное средство, избавляющее от всех страданий, включая негативные эмоции.

И тогда вопрос «как» - он стоит первый. Но правильный ответ на него – «никак»!

Ты можешь продвинуться в личной терапии и стать спокойней, мягче, стань менее тревожным, менее аффективным. Ты можешь лучше осознавать себя, свои потребности, свои особенности, свои ограничения, стать более чувствительным к своим границам... Ты можешь научиться заботиться о себе и выражать свои чувства, отстаивать свои права и добиваться своих целей, конкурировать на своем поле и, напротив, стать более лояльным к слабым. Терапия может много, очень много... даже научить любить.

Но терапия не избавляет от страданий, в общепринятом смысле! Быть хорошо «пролеченным» - это не значит, что тебе никогда не будет больно, ты больше не будешь злиться, завидовать или ревновать. Перовое и, пожалуй, единственное, чему научает психотерапия - это проживание. Проживание себя, своих чувств, переживаний - своей жизни, в конце концов.

И это только звучит тривиально, поверьте мне: очень и очень немногие люди умеют пребывать в настоящем (разве что иногда, если что-то сильно встряхнет и вернет в здесь-и-сейчас).

Что это значит: если я злюсь, то не подавляю свою злость, не подбираю подходящее оправдание своему гневу, и не вытесняю ее с видом святоши. Я просто проживаю это чувство, и иногда совершаю из него какие-то действия, если мне это выгодно. Вот и все! И гнев проходит - ведь не могу же я его вечно испытывать! Проходит бесследно, так же, как и боль, если она прожита. Но если я вздумаю обхитрить свою боль, «замылить» ее, проигнорировать, или отыграть ее на ком-то – это вряд ли получится.

Чувства очень стойкие - от них невозможно избавиться просто так. Можно только ценой колоссального напряжения, которое выключает всё, то есть, всю эмоциональную сферу сразу. «Рубильник» - он один. И если я хочу не испытывать боль, я не буду испытывать и радость, и удовлетворение, и много чего... Жизнь обмануть сложно, да и не стоит даже пытаться.

Ид. Мудрая обезьяна внутри нас.

Для оптимальной координации в жизни вообще - особенно в тех ее аспектах, где присутствуют любые виды отношений - а посему и в психотерапии, самое главное - это уметь доверять своим чувствам. Звучит просто, но на деле редко у кого с этим все в порядке.

А вот это самое «чувствилище» на психотерапевтическом слэнге - это и есть функция Id (Ид).

У нас, в гештальт-подходе, принято рассматривать личность не как структуру, а как процесс. На сцене жизни (в контакте) одновременно проявляются три составляющие личности-процесса: Ид (Id), Эго (Ego) и Персонэлити (Personality). Где Ид - это все, что уже возникло, но еще никак не названо - это импульсы, чувства, интенции... в общем, все феномены, которые человек еще не успел осознать и описать с помощью своего Персонэлити. Из этих трех составляющих, Ид чаще всего оказывается слабой или искаженной функцией, в силу чрезмерной социализации или травматического опыта.

Детская непосредственность - это чисто «идовские» проявления. Ребенок «что думает - то поет», и за это часто «получает» от взрослых.

Например, малыш может сильно злиться на мать, а она его (от непереносимости того же чувства у себя) за это стыдить. Или еще хуже: угрожать тем, что покинет его такого плохого. Ребенок при этом переживает сильнейший внутренний конфликт, но постепенно, за счет защитных механизмов, ему удается отщепить эту свою злость, или подавить, или подменить на какое-то другое чувство... Потому что для ребенка лучше не злиться, чем быть покинутым мамой.

Или же, когда ребенок просто бесит мать, но у нее уже есть запрет на проявление своей злости, и она ему в ответ только улыбается - так, что аж скулы сводит – и тогда маленький человек, в этот момент, просто не знает чему верить: тому, что он видит или тому, что ощущает?..

Есть много семей, в которых аутентичное (подлинное) проявление чувств - явление вообще малознакомое и пугающее, где бурные эмоциональные проявления - это что-то неправильное, нехорошее, нездоровое. Как в старой доброй Англии: «ребенка в доме должно быть видно, но не слышно».

Но даже если не брать тяжелые случаи, часто ли из вас в детстве спрашивала мама: «что с тобой?», «как ты?», «а что это значит?», «что ты хочешь этим сказать, мой дорогой?»...

Так что, контакт с «обезьянкой» у очень многих не слишком-то налажен, судя по тому, что происходит в современном обществе и культуре. У некоторых «зверь» подавлен так, что он вообще рискует выйти погулять только под покровом ночи, и когда хозяин в измененном состоянии сознания. Не зря ведь столько шуток про корпоративы!

Вообще, наладить контакт со своей Ид-функцией крайне полезно. Вот, например, стоит перед вами человек и так хорошо все рассказывает: и как он вас любит, и что он вам дает в этой жизни, и как вы ему должны быть за это благодарны... а у вас внутри только одно желание – заехать ему в морду! И скорее всего, вы будете-таки правы в этот момент. Потому что чувства не врут... Бить совсем не обязательно, но вот поверить своим ощущениям будет очень разумно.

Смутное ощущение тревоги, необычные реакции в теле, отвращение на необъяснимом уровне и прочие иррациональные реакции - это то, к чему всегда стоит прислушиваться и очень ценить. С теплом вспоминаю одну мою очень чувствительную подругу, которая говорила: «Человеку все можно простить. Кроме запаха».

Вот заметьте, самые привлекательные люди - это именно те, у кого с «Идом» все в порядке. И не только потому, что они естественные, живые, спонтанные, но потому еще, что им хочется доверять. И пусть они более импульсивны и эмоциональны, но зато точно знаешь, что за человек стоит сейчас перед тобой!

О чувствах и потребностях

Я знаете, что заметила: в откликах на заметки об агрессии и в перепостах больше всего людей цепляет тема проявления именно злости (и позволения себе этого). И это не удивительно, потому что в нашей культуре, нагруженной христианской моралью, это чувство, если не запретное, то, во всяком случае, какое-то неприличное. Да и не только в культуре дело... Еще, многие воспринимают понятия «злость» и «агрессия» как тождественные, однако это не так. В общем, мне хочется немного добавить немного собственного, нового, понимания обо всем этом...

Злость - это реакция на разрыв слияния, причем в широком смысле. Например, если я верю в безопасность мира - я нахожусь в слиянии с этой иллюзией, и поэтому чувствую себя комфортно. Но если вдруг мир не оправдывает это мое ожидание - что-то вдруг не то случается - то я испытываю злость, гнев, или ярость в зависимости от степени вреда, нанесенного мне.

Чувство злости всегда сигнализирует о нарушении границ: организма - физических, психических, а также - границы контакта организм/среда или организм/организм.

Агрессия - это энергия нереализованной потребности. Той, что могла быть реализована в каком-то контакте. Агрессивное поведение - это манера «криво» удовлетворять какую-то свою потребность, когда для человека, почему-то, невозможно сделать это напрямую в силу своей личной истории.

Поэтому, если мы сталкиваемся с агрессией или проявлениями злости у клиента, или в группе, то первейшей задачей терапевта будет найти и легализовать фрустрированную потребность, которая прячется за проявлением злости и агрессивным поведением. А это может быть все, что угодно: потребность в безопасности, в близости, признании, принятии, восхищении...

То есть, сделать возможным проявлять сложные чувства и проживать их - это, зачастую, только первый этап психотерапевтической работы. Прикоснуться к истинной потребности и научиться ее гармонично удовлетворять - это следующая задача. Но, например, в случае утраты, проживание чувств – это, собственно, и весь путь. Проживание злости, или даже, ярости на то, чему уже не быть – значительная часть работы горя.

Как рождается дурная карма

Хочу изложить свой собственный взгляд на слово «карма» - слово всем знакомое, а кому-то даже понятное.

Все наверняка слышали, а многие даже пугались (как и я в свое время), таких выражений, как «карма рода», «за грехи родителей платят дети», «наследовать дурную карму» и тому подобное. Уверена, что все эти выражения имеют смысл, но в них нет никаких мистификаций - ловкость рук, не более - все прекрасно объясняется с точки зрения науки, если психологию все-таки наукой признать.

Вот есть родитель, то есть взрослый человек, и есть ребенок, который от него пока психологически не отделен. Он еще слишком маленький, и как губка, впитывает все без критики. Подобно маленькой обезьянке, копирует родителя, в особенности, родителя того же пола, воспринимая информацию вербально а, еще больше - невербально.

Ребенок прекрасно улавливает, считывает, какие чувства сейчас испытывает родитель, в том числе к нему. Ребенок вообще всегда думает, что все - к нему, ведь он ощущает себя центром. И верит в свои ощущения больше, чем в слова.

И если мама, например, постоянно ходит с лицом, искаженным тревогой, обидой, раздражением, но при этом ребенку говорит, как она его любит и как она рада, то он сживается с представлением, что вот это и есть «любовь», что она - вот так такая. И когда вырастает, находит себе подходящего партнера, чтобы можно было с ним также друг друга «любить».

Или, например, у папы, при виде своего сына возникают отнюдь не только теплые родительские чувства: он вспоминает себя ребенком, которому остро не хватало ласки и тепла, и у которого детство было страданием. И тогда ему очень трудно просто любить своего сына, он сильно завидует ему и ревнует к жене. Так тоже может быть. Но вариантов много, очень много. Эдипов комплекс тот же - это вообще отдельная история...

Главное, что я хочу подчеркнуть: если взрослый сам сильно недополучил любви и заботы, то ему сложно дать это своему ребенку. Он бы и рад любить - но нечем. И первый порыв - сбежать от непереносимой двойственности переживаний, уйти из семьи или вовсе не заводить детей (позиция childfree, например). Но порой, выбирая остаться, «поломанные» родители нередко отыгрывают на детях свои аффекты (неконтролируемы сильные чувства): в чрезмерной строгости, раздражительности, даже жестокости. Неосознанно.

А то, что не названо, не проявлено, не осознано - имеет особую силу. Вот так и строится дурная карма - из реакций вне контроля сознания. То, чем нельзя управлять, управляет тобой и движет колесо сансары...

О карме и семи смертных грехах

Думается мне, что библейские смертные грехи, с точки зрения психотерапии – это не что иное, как неосознанные токсичные чувства, которые определяют выборы и действия.

Что это значит? Токсичное чувство - это то, которое человек, по какой-то причине, не может прожить, присвоить его себе и с ним справиться – то есть, которое, по факту, владеет человеком.

Например, гнев - это неуправляемая злость, ненависть. В основе зависти лежит стыд. Жадность - тут все понятно, это жадность, а в основе уныния (в других традициях – «лень») - это не что иное, как депрессия, которую часто порождает токсическое чувство вины. Похоть может питать сильный страх: близости, или же смерти. Тщеславие - это проявление высокомерия, второй полюс которого – ничтожность. Гордыня - туда же. А в их основе - токсический стыд...

Думаю, что родители, будучи не в силах проживать некоторые свои токсические чувства, бессознательно транслируют это через свое поведение в семье, и таким образом, передают их своим детям «в наследство». Так дети наследуют «карму родителей».

Как творится дурная карма - 2, или коса на камень

Лирическое вступление, как обычно... «По великим и непреложным законам Кармы люди, между которыми возникают сильные чувства, которые невозможно трансцендировать, будут вынуждены встречаться вновь и вновь, из жизни в жизнь, пока не смогут духовно возвыситься над своими страстями...» Но это, скорее всего, метафорически, а если психологически?..

Итак. Что мы имеем: два человека, совершенно ничем друг с другом не связанных, порой даже мало знакомых (например, участники группы), вдруг начинают питать друг к другу сильную неприязнь, вплоть до самой настоящей ненависти. Иногда этой форме отношений предшествует такая же сильная любовь, и часто именно сильная привязанность заканчивается враждой.

Так или иначе, оба полюса характеризуются сильными, аффективными чувствами, которые, по сути, пограничны. Хуже того, если даже удается разойтись и как-то забыть друг о друге, то вскоре встречается другой такой же «роковой человек», и история вновь повторяется с поразительным сходством, особенно, в ощущениях...

Такое столкновение можно описать как попадание в своего рода клинч (в боксе - когда два противника сжимают друг друга в крепких объятиях и «танцуют» по рингу, не рискуя разжать руки, потому что, в момент выхода из клинча, каждый максимально уязвим). Так и здесь: два близких человека вдруг становятся друг для друга настолько острыми, что ранят друг друга до мяса при малейшей попытке дернуться.

Иной раз удивляешься: как они друг друга находят? И зачем? Просто у человека есть одно удивительное свойство всегда выбирать из поля что-то, напоминающее ему о негативном опыте, и его, как магнитом, будет тянуть именно к тому человеку, который легко обеспечит ему повторение этого негативного опыта. Вот и получается то, про что говорят: «это - твоя карма...»

А для чего все это? Рассуждая философски, наверное, для того, чтобы «эту карму отработать», а точнее, сделать шаг вперед в своем собственном развитии – шаг к интеграции себя.

Потому что, на самом деле, такие отношения содержат в себе колоссальный ресурс. Осознав и присвоив себе свои проекции, вернув себе свои отброшенные части, обе стороны могут значительно подрасти и стать более свободными, целостными. И затем уже строить отношения совсем другого качества.

О полярностях

Про злость и зависть, а также и другие «негативные» (социально не одобряемые) чувства я писала много и часто, но вроде как, в отрыве от «позитивных» (которые считаются хорошими). Не спорю, что нежность, пожалуй, испытывать приятней, чем, скажем, раздражение. Но дело все в том, что плохие и хорошие чувства не просто могут существовать одновременно, они должны дополнять, оттенять друг друга.

Согласно диалектическому дуализму, каждое явление в мире имеет свою противоположность, которая, с одной стороны, противостоит, а с другой дополняет его. Так и чувства человеческие, по сути своей, полярны, и если сильно раскачивать один полюс, то второй, синхронно, тоже будет набирать силу.

Так от большой любви до ненависти, как известно, один шаг, и напротив, тот, кто поначалу сильно раздражает, нередко становится потом лучшим другом.

Люди чувствительные сразу чуют неладное, когда выпячивается только один полюс: как-то дискомфортно становится на душе, и тревожно. А ведь ничего удивительного: если проявляется только одна сторона медали, то в фигуре пропадает объем – «дурилка картонная» появляется, а не фигура! Так, крайняя вежливость превращается в противную слащавость, а «сплошной позитив» и перманентная веселость вызывает реальное беспокойство за психическое здоровье человека. Если милые не ссорятся никогда, то возникает вопрос: а есть ли между ними вообще любовь? Если мать никогда не сердится на своего малыша, как бы несносно он себя ни вел - ужас охватывает, страшно становится и за мать, и за малыша...

Я не могу назвать ни одного дорогого мне человека, который бы не «подбешивал» меня время от времени. Если человек для меня только хороший или только плохой - однозначный, «плоский» - то значит, он мне вообще чужой и далекий, и нет у меня до него никакого дела! Это функция, а не человек: кассир там, какой-нибудь, или представитель ЖЭКа - посторонний, в общем.

А если же дело есть, то тут все, что угодно может в отношениях проявляться, на том простом основании - что эти отношения есть, и они живые. Другое дело, если я стану вдруг вытеснять и отрицать «нехорошие» свои чувства, порывы - а многие просто всю жизнь свою кладут на это светлое дело - то что же будет? Исчезнут что ли эти чувства: зависть, раздражение, гнев?.. Испарятся? Вряд ли. Боюсь, что только силу будут набирать, и в какой-то момент рванет! А вот это уже лишнее.

Уж лучше честнее быть с самим собой и вовремя обнаруживать все, что возникает в контакте. Если же есть возможность это напряжение обсудить, проговорить, то вообще замечательно. Искренность - лучшая профилактика ссор, разрывов, разводов, предательств и прочих неприятных явлений в отношениях.

Что я знаю о злости

Невероятно полезное чувство - злость. Без него мы, наверное, были бы совершенно аморфными существами без конца и начала, неспособные преодолевать препятствия на пути к удовлетворению своих потребностей... В общем, мне даже сложно представить, что бы это было.

И так, когда возникает чувство злости и что оно обозначает:

1) Чувство злости сигнализирует о нарушении границ живого существа. Когда человеку наступают на ногу, в прямом или переносном смысле, он

злится, и это сопровождается выбросом энергии организма, по идее, предназначенной для защиты своих границ. Но, в отличие от животного, у человека есть выбор: эта энергия может быть направлена вовне или внутрь (аутоагрессия), а также может быть сдержана и контейнирована.

2) К предыдущему пункту можно также отнести манипуляции, обман и двойные послания. Это, пожалуй, тоже разновидности нарушения чужих границ, и эти действия всегда вызывают злость.

3) Злость на обесценивание. Ну, здесь тоже, я думаю, все понятно: обесценивание сродни уничтожению другого, это как бы, символическое убийство.

4) Злость сопровождает процесс выхода из слияния (конфлюенции): когда кто-то является частью кого-то или чего-то, частично утратив свое «Я», и тут ему на это указывают - он будет злиться. Также злостью обычно реагируют на попытку подвергнуть сомнению какую-то идею, которую человек принял без собственной критики (интроект). Таким образом, чувство злости может сигнализировать о наличии конфлюенции и интроекции.

5) Но чаще всего человек реагирует злостью на фрустрацию какой-то своей важной потребности. От потребности в пище (кто съел мою печеньку?!) до потребности в близости и принятии - как известно, больше всего злости возникает на отвержение близким человеком, на предательство.

6) Злость как маркер проекции: когда человек не принимает какую-то часть себя, но замечает ее в другом - тот его однозначно бесит! Причем, всегда сложно осознать: почему, на самом деле. Ведь для этого нужно присвоить себе что-то, что безжалостно отвергается.

Тут есть два варианта: либо это какое-то "недостойное" качество, например, глупость или трусость, или ранимость, зависимость и т.п. Или же что-то, что человек сам себе не позволяет иметь, но очень хотел бы, и потому другому завидует, при этом его порицая. Например, в сексуальной свободе, в раскованности кто-то усмотрит распущенность, а в здоровом цинизме - бессердечность и жестокость. Свою, естественно.

7) Злость как маркер... любви. Особенно, очень сильная злость - ненависть. Она всегда идет в паре с сильной привязанностью, хотя бы потому, что объект этой самой привязанности лишает человека свободы.

Например, мать всегда любит и ненавидит своего ребенка, потому что боится его потерять. «Хорошая» мать это осознает и допускает в себе злость и прочие «негативные» чувства к своему чаду. «Плохая» - вытесняет их из сознания, расщепляя тем самым себя и травмируя ребенка, например, излишним контролем или гиперзаботой. Вырастая, такой человек привносит запрет на чувство злости в свои близкие отношения, тем самым их незаметно разрушая.

Хватка стыда

Все знают, как умею расслабляться кошки... Но при этом, они всегда готовы к прыжку, к молниеносной реакции! Мощный выброс энергии возможен за счет ее постоянного накопления.

Нарцисс всегда напряжен. Он слишком озабочен мнением окружающих о нем и всегда бдит, всегда в напряжении. Нарцисс всегда хочет все и сразу. Но из напряженного состояния ничего нельзя сделать... Энергии хватит только на то, чтобы копировать других, в тщетной попытке «догнать и перегнать».

Только ослабив хватку стыда, становится возможным проявить себя, свое уникальное и неповторимое творчество. Только рискнув быть собой - без сравнения, без оглядки, без страха - можно чего-то достичь.

Позитивные проекции

Идеализация тоже вещь полезная, если уметь ей пользоваться.

Во все времена у всех народов существовали легенды и мифы, и были свои герои, на которых люди хотели быть похожими. В этом отождествлении заложена функция стремления к лучшему, к лучшему в себе, к лучшему себе.

Когда я восхищаюсь кем-то по-настоящему, я не сравниваю себя с ним не в свою пользу, напротив - я чувствую воодушевление! Почему? - потому что я могу присвоить себе свою же позитивную проекцию. В этом разница.

Когда я превозношу кого-то, я вижу свой же потенциал в этом прекрасном человеке. Например, мне хотелось бы иметь такую же судьбу, любить так, творить так... Даже если какие-то возможности упущены и моя жизнь далека от этого - все равно, зато теперь я знаю, к чему поистине стремится моя душа. И это уже много. Так я восстанавливаю свою целостность.

В этом плане, зависть тоже бывает хороша - как ни странно звучит, но это чувство вполне может быть светлым. Если зависть не токсична, то есть, когда я не чувствую себя «плохим» в сравнении с другими, тогда это отличный маркер того, что в потенциале – «мое». Можно очень эффективно расти, если признавать и принимать свои ограничения, и в то же самое время, хорошо распознавать свои возможности. Зависть не всегда разрушительна - зачастую это двигатель прогресса.

И снова о зависти...

Ну, в общем, я думаю, мало для кого секрет, что зависть - это некая разновидность злости. И вот, недавно я пересмотрела постулат про «белую» и «черную» зависть, усвоенный мной давным-давно. Про то, что «белая» зависть - это когда я хочу, чтобы у меня тоже было, а «черная» - это когда я хочу, чтобы у тебя тоже не было.

Так вот: я завидую «белой» завистью, когда я вижу в том, что есть у Другого, свою ближайшую зону развития, когда я понимаю, что я тоже это могу, но чуть попозже. И тогда я знаю, к чему мне стремиться и чего хотеть более ясно и четко.

«Черная» же зависть появляется там, где я вообще не вижу, как мне удовлетворить свою - вдруг актуализировавшуюся! - потребность, глядя на успех другого. И тогда все, что мне остается делать - это пребывать в глухой злости и жалости к себе, и в каком-то мраке безысходности.

Но помилуйте - с чего это вдруг?? Ведь если эта цель равна мне – значит, я ее удовлетворю без лишних усилий, и это только вопрос времени. Если же процесс доставляет столько мучений, значит: я либо еще не доросла до зрелого ее удовлетворения (а уже зачем-то хочу), либо это вообще не моя цель (или потребность), либо же я настолько обесцениваю свои способности, что счастье другого кажется мне чем-то запредельным!

Ну не глупо ли?..

***

Чем более целостным становится человек, тем меньше встречает разочарований в жизни.

О тревоге и тревожности

Кому из нас не знакомо состояние тревоги? Однако не все знают, что это за чувство и откуда оно берется.

Тревога сродни страху, их часто путают. Страх - это сходное чувство, но это боязнь чего-то (или кого-то) конкретного, в то время как тревога - это переживание неопределенной угрозы. Из-за чего тревога плохо дифференцируется, и с ней сложней справляться.

Любое чувство - это остановленное действие, и возникновение тревоги всегда связано с неким возбуждением, которое не находит выхода. Соответственно, тревожность - это склонность постоянно блокировать свое возбуждение, «привычка с давних лет», которая стала некоторой личностной особенностью.

Если человеку (ребенку, подростку, взрослому) приходилось постоянно встречаться с неприятием своего возбуждения со стороны кого-то близкого, или просто важного, то рефлекс сдерживания постепенно закрепляется, а энергия возбуждения перенаправляется вовнутрь.

Но так как внутри ей делать нечего, а удержать вообще сложно, то возникает потребность излишек этой энергии выплеснуть вовне в форме проекций, как правило, негативных.

Вот так и получается, что ожидание худшего, часто не имеющего никаких подтверждений со стороны реальности - суть невозможность совладать со своим же возбуждением, неумение его правильно разместить в поле.

И тогда человек сначала удерживает тревогу, а когда она начинает зашкаливать, то уже просто ждет и бессознательно хочет, чтобы что-нибудь плохое случилось! Чтобы эта энергия, наконец, получила разрядку. Ясность и определенность всегда легче переносится. А иногда и вовсе - идет и делает это самое, худшее, своими же руками. И таким вот кривым способом применяет, наконец, свое возбуждение. Ну, бывает же, правда?

Кто чего боится…

…То с тем и случится. Или несколько слов о «самосбывающихся пророчествах». Есть у нас, людей, такая особенность: то, чего мы боимся, это же нас и привлекает. В психотерапии есть такая рабочая интервенция: если ты этого сильно боишься — значит, ты этого страстно хочешь. И потому, неудивительно, что все наши страхи, особенно те из них, которые замалчиваются, подавляются — мол, я и сам справлюсь — сбываются куда более точно, чем все наши мечты и планы. И каждый раз чувствуется какая-то обреченность, «закон подлости». Почему так происходит?

Дело в том, что наш мозг устроен таким образом, что для него нет особой разницы с каким знаком, плюс или минус, для нас будет то или иное вероятное событие. Главное — это фокус внимания. Получается, что если мы на чем-то концентрируем свое внимание, то к этому неотвратимо и приближаемся: к человеку, который противен, или к «нежелательному» событию, — мы выбираем это помимо нашего сознания. Но зачем нам это, в чем смысл, какова задумка природы? Почему психика нас не защищает?

Дело в том, что как раз наоборот — защищает. Но делает это примитивно, «по-звериному»: в момент испуга активируются наиболее архаичные зоны головного мозга, у человека сильно снижается уровень осознанности, - в сильном стрессе человек может автоматически совершать действия, которые продиктованы инстинктом. Или же всплывают импульсивные реакции, усвоенные еще в том нежном возрасте, когда тело было главным инструментом коммуникации с миром. В лучшем случае — очень хорошо отработанные навыки, на которые было потрачено хотя бы несколько лет жизни. Разделяют условно три типа реакций на чувство страха: бегство (отстранение), агрессия (нападение) и замирание (анабиоз). Не правда ли, напоминает поведение фауны?.. В психологических процессах происходит все то же самое.

Но вернемся к нашей теме: почему же стрессовым ситуациям свойственно повторяться? Итак, с человеком случается какое-то событие, которое приносит сильную боль, ужас, разочарование. Мир, до этого такой предсказуемый и безопасный, рушится. Я говорю об абстрактном травмирующем событии, неопределенной степени тяжести, которые, увы, никого в жизни не обходят. Так вот, если такая психологическая травма осталась не прожитой, не проработанной, память об этом не просто сохраняется, а уходит, что называется, в «подкорку». И когда человек вновь сталкивается с подобным вызовом — то есть, когда возникает вероятность повторения негативного опыта — он испытывает сильный иррациональный страх, иногда ужас. И реагирует каким-то из названных выше способов.

И все бы ничего — казалось бы, избегал бы, да и все, но не так все просто. Если человек с этим не справился, не ассимилировал опыт — то есть, не понял, что с этим делать, как встречаться с подобным в будущем, — включается эффект незавершенного действия. Мощная штука, которая будет приводить «травматика» в подобные ситуации снова и снова, он будет их находить или создавать себе сам. Чтобы иметь возможность, наконец-то победить и успокоиться, закрыть для себя эту тему. Например, человека, пережившего травму отвержения, будет, как магнитом, тянуть к тем, кто его наверняка отвергнет. Даже если им это не свойственно, «глубоко отверженный» тип будет вести себя так, что им непременно захочется его отвергнуть. Иными словами, он сделает все возможное, чтобы вновь очутиться в знакомой ситуации, с привычными — а значит, безопасными — чувствами. «Я так и знал», — сбываются грустные пророчества, своими же усилиями...

Потому что, как ни парадоксально, но для психики привычные страдания будут меньшим стрессом, чем прохождение нового опыта. А стресс, я вам скажу, здесь просто гарантирован! Но оно того стоит. Примитивным же защитам «кажется», что там, за пределами зоны комфорта, все еще страшнее, еще хуже, еще опаснее... и лучше - не надо. Потребность в безопасности более фундаментальна, чем потребность в развитии, и потому чаще побеждает. Ведь, согласитесь, для «обезьяны» куда важнее сохранить свой рассудок, чем стать немного умнее...

Но, к счастью, мы (люди), все-таки, «продвинутые обезьяны», и у нас есть ресурсы на то, чтобы усилием воли преодолевать свои архаичные реакции. Правда, это не так просто, и порой нужна помощь извне, мощная поддержка со стороны. Но все-таки, это духовный вызов для самого человека. Чтобы, наконец, преодолеть свой страх и выйти из порочного круга повторений, необходимо с этим страхом встретиться, лицом к лицу. Не убегать, не вытеснять, не идти у него на поводу… а в первую очередь, отделить его от себя. Я — отдельно, страх — отдельно. И тогда станет возможным анализировать, поддавать его критике — то есть, задействовать другие зоны головного мозга. Чувство страха — хорошая штука, он необходим, но только когда он под контролем сознания: «Спасибо, дорогой, что напоминаешь об опасности, я тебя замечаю, но все же я рискну, я хорошо подумала…»

И тогда не страх мной управляет, а я им. И это колоссальный прорыв для травмированного труса, настоящая революция в жизни! Революция духа. Просто необходимо сделать это усилие и шагнуть однажды за пределы зоны комфорта.

Близость и зависимость

***

Все психологические сложности возникают только от того, что люди слишком нуждаются друг в друге.

Кто такой Зависимый?

Зависимости у людей, как известно, бывают самые разные: от хронической финансовой до зависимости от употребления химических веществ. Но в основе всего, так или иначе, лежит психологическая склонность к зависимости, хотя могут иметь значение и физиологические факторы. Зависимые личности всегда найдут к чему «прикипеть», с чем или с кем слиться, от чего или от кого зависеть, потому что своей отдельной и свободной жизни они вообще не представляют - опыта у них такого нет.

Откуда берутся зависимые?

Человек развивается всю жизнь непрерывно, но в развитии прослеживаются некоторые этапы. Если какие-то важные задачи на одной из стадий развития не выполняются, они переходит на следующий этап. Если же нерешенных задач накапливается много, человек перестает с ними справляться и развитие нарушается.

Любая незавершенные стадии развития стремятся к завершению, и если человек, например, не получил в детстве достаточно внимания или заботы, тепла, он будет искать и во взрослом состоянии объекты или ситуации, которые, как ему кажется, могут восполнить этот пробел. Например, мужчина может искать в женщинах материнскую безусловную любовь...

Так, первый признак зависимой личности - это жизнь в дефиците.

Таким людям постоянно чего-то не достает, и это порождает большую жадность. Если ребенок оказался фрустрирован на самом раннем этапе развития (грудной период, до 9 месяцев), он будет «вечно голодным», неудовлетворенным, нуждающимся.

Зависимым часто не хватает «сладости жизни», в прямом и в переносном смысле. Например, глубоко зависимая женщина готова просто «проглотить» мужчину, или раствориться в нем без остатка. Так выражается стремление вернуть ощущение полного слияния, симбиоза с матерью в ранние месяцы жизни. Вообще, необузданная тяга к удовольствиям и излишествам: в еде, в сексе, в развлечениях... в общем, неконтролируемое пристрастие к чему-либо свидетельствует о достаточно ранних нарушениях развития личности.

Как я уже сказала, жизнь в дефиците порождает жадность, а также зависть, и чем острее нехватка чего-то, тем зависть сильнее. Когда у кого-то есть то, без чего невозможно жить, сложно не завидовать. Кстати, о невозможности жить: зависимый, действительно, проживает свою жизнь в заложниках от Другого. Зависимость от «любви» к мужчине или к женщине, нередко заканчивается самоубийством.

На следующем этапе ребенок хочет обрести большую самостоятельность, но иногда мать не дает ему такой возможности своей гиперопекой, и в результате, ребенок вырастает несамостоятельным и зависимым от материнской фигуры. Такому взрослому сложно сказать твердое «нет», или вообще четко утвердить свою позицию, потому что он в ней вообще не уверен.

Он ни в чем не может быть уверен, потому что эта нерешенная задача развития перекочевала на следующий этап, когда нужно было усваивать навыки общения со сверстниками, этап конкуренции и самоутверждения. Но там проигрывалась та же ситуация: зависимый ребенок отчаянно искал на кого бы опереться... И если не находил - сбегал к маме. Но, так или иначе, свои возможности, в полной мере, так и не познал.

Зависимый вообще плохо ощущает, осознает свои психологические границы, а в тяжелых случаях - они почти отсутствуют. То есть, ему сложно распознавать, называть свои потребности и отличать их от потребностей других. Например, если за ребенка всегда все решали, и никогда не спрашивали: как ему это или то, или еще хуже - вообще не считались с его нуждами. Впрочем, примеров нарушения границ слишком много, чтобы это можно было перечислить.

Распознать зависимого легко также по частому использованию местоимения «мы». Он всю жизнь находится в каком-то слиянии: с человеком, с идеей, с большинством, с партией... да с чем угодно. Он постоянно ждет, что за него что-то решат, по привычке. Но это же имеет обратную сторону: в слиянии всегда много злости. Злость - вообще маркер слияния.

Пойдите, послушайте разговоры на лавочках пожилых людей: с каким остервенением они ругают правительство, обвиняя всех власть имущих - а заодно, и просто богатых - в своей несчастной доле, перестрелять их всех мечтают, кровопийц проклятых... Потому как на себя опираться так и не научились, и находить другие возможности для выживания, кроме как на кого-то полностью рассчитывать, тоже.

То есть, зависимый также не хочет брать ответственность за свою жизнь и за свои поступки.

Глубоко зависимый человек вообще живет на энергии злости: для того, чтобы почувствовать себя живым или начать действовать, ему нужно сильно рассердиться. Это как в шуточной пословице: "Ёж - птица гордая: пока не пнешь - не полетит».

Низкая самооценка - еще один спутник зависимости. Недостаток поддержки от кого-то из родителей (или обоих) в детстве, когда человек совершает свои первые неуверенные шаги в чем-либо, порождает неуверенность, а в результате - зависимость. Как известно, люди с нарциссической травмой имеют исключительно низкую самооценку. Различный травматический опыт может привести к зависимости как от конкретного человека (только он знает, что я - хороший), так и от «любви масс» - то есть, от признания, восхищения, в целом.

В заключение хочется сказать, что абсолютно независимых людей вообще-то не существует. Есть только те, кто испытывает такую иллюзию, и называются они «люди с противозависимыми паттернами поведения».

Окончательная задача развития личности заключается как раз в том, чтобы научиться гармонично жить в, так называемой, взаимозависимости. То есть - в отношениях близости: где учитываются границы и потребности обоих, где все держится на уважении и интересе друг к другу.

Ну не естественно для человека быть одному - хотя бы потому, что слишком уж сложно выжить в одиночку на суровой планете Земля!

Кто такой Со-зависимый?

Феномен со-зависимости еще не до конца изучен: откуда берется такой паттерн поведения, при котором человек самоотверженно живет во имя другого, не замечая при этом себя и своих потребностей.

Со-зависимый - это зеркальное отражение зависимого, и похоже, корень зла в этой диаде. Со-зависимость имеет те же истоки, что и зависимость. А именно: низкая самооценка и отсутствие самоуважение, размытая и зыбкая позиция «я», зависимость от присутствия Другого.

Со-зависимый не может жить один, поэтому, чтобы выжить, всегда находит себе зависимого. А если не найдет – сам его породит. Так, со-зависимая мать может воспитать только зависимого ребенка, в некоторых случая - противо-зависимого (что, в сути, тоже одно).

Беззаветное служение другому необходимо для наполнения жизни со-зависимого смыслом, и становится таким же «наркотиком», как реальные вещества для химически зависимого. Такая потребность говорит о том, что этому человеку в детстве никто не давал ощущения важности и значимости его, самого по себе.

Со-зависимые, чаще всего, происходят из дисфункциональных семей, в которых было очень мало любви и внимания. Также, такое поведение может наследоваться при формировании идентичности у ребенка, особенно часто, дочка повторяет паттерн поведения матери. Некоторые специалисты высказывают мнение, что со-зависимость имеет генетическую природу, но это еще не доказано.

Основные признаки со-зависимого:

- Шоу «Я - сама!»: человек не в состоянии принимать помощь от других, не говоря уже о том, чтобы ее попросить. Таким образом, со-зависимый «подсаживает» на свою заботу ленивых и инертных, но тем самым бессознательно «разводит» их на чувство вины.

- Не распознает своих истинных потребностей, не отделяет их от потребностей других. Тут тоже очень часто проявляется местоимение «мы», а также фразы типа: «он без меня пропадет», «ему это необходим» и т.п.

- Живет исключительно (или преимущественно) ради кого-то; при этом отодвигая себя на задний план: жены алкоголиков, мамы наркоманов и гиперопекающие мамаши, как правило, выглядят не слишком опрятно - времени на себя не остается.

- Постоянный контроль: над собой, над ситуацией, и над Другим (зависимым); со-зависимый пребывает в постоянном напряжении, которое исходит от дикого страха одиночества, но маскируется под лозунг «если не я - то кто?»

Страх близости

Бытуют выражения: «страх близости», «избегать близости», «непереносимость близости»... Я считаю, что они, в принципе, некорректны. Потому что самой близости невозможно бояться или избегать: это настолько приятное переживание, что к нему только и стремится все живое.

Избегание и страх связаны всегда с другими процессами, которые могут сопровождать попытку сблизиться с кем-то. Это, например, страх отвержения, обесценивания или ощущения «покинутости». Или, наоборот, страх поглощения, конфлюэнции и, в связи с этим, сильного влияния другого человека. Также, часто близость - это встреча со своим стыдом, чувством своей неуместности, несостоятельности. Думаю, что в основе всех этих процессов все равно лежит вопрос границы организм - среда.

Умение регулировать свой баланс поглощения – выделения, способность находиться на комфортной дистанции – в этом и состоит способность к близости.

Про витальность

Подумалось мне про то, что зачастую в явлении зависимости и со-зависимости играет роль такой феномен: зависимый цепляется за своего партнера мертвой хваткой потому, что тот каким-то образом питает его витальность (жизненность). Например, тот может позволить себе то, что не позволяет себе этот. И своим примером, как бы, позволяет ему жить, быть…

Вот странность, да? Но это сплошь и рядом! Вы даже не представляете, насколько люди могут умерщвлять свою плоть, подавлять свой Ид (Id). У каждого свой способ, и своя причина, и своя личная история на это.

Потребность в близости

Человеческая ситуация очень непростая...

С одной стороны, мы нуждаемся друг в друге больше, чем это себе представляем, и чем нам, возможно, хотелось бы. И мы крайне беззащитны перед важными людьми, что бы при этом себе ни говорилось.

С другой стороны, мы никак не в силах повлиять на другого человека: запретить ему что-то делать с нами, или не испытывать каких-то чувств по отношению к нам... Или, наоборот, испытывать - но противоположные. Или заставить совершать какие-то поступки, угодные нам, но при этом - искренне.

А порой так хочется! Но наши желания как раз и делают нас слабыми. Чем больше открыт - тем больше уязвим; именно в этом весь драматизм и жестокость человеческих отношений.

Кроме того, люди еще очень телесны. Наше тело хочет прикосновений, объятий, удовлетворения, защиты, тепла... Поэтому, несмотря на огромный риск получить отказ, на свой прежний опыт и на старые раны, мы все равно стремимся к сближению, кто как может. И порой, это стремление бывает настолько трудно распознать за агрессией, ненавистью, исступлением... что кажется, люди хотят совсем другого.

Но это все о том же.

Переживание близости представляется мне нынче как отсутствие препятствий на пути течения энергии, от сердца к сердцу. Как река, как ровный поток без камней, бревен и прочего мусора. Все очень просто: эмоциональный контакт явление естественное, «делать» для этого ничего не нужно - ему бы только не мешать.

И еще это крайне приятное переживание.

Проживание близости

В экзальтации, идеализации, в страсти. тоже есть свое удовольствие. Но энергия эта взрывного характера, резкий выброс, прилив - и затем откат... Страсть манит, будоражит, мобилизует - но не насыщает.

Ничто не сравнится с близостью. Это живая вода, которая питает тело и душу. Самые ценные люди - это те, с кем рядом можно просто быть. Обычно, первый такой человек - это мама. Весь последующий опыт, так или иначе, несет отпечаток этих первых отношений.

Хотя близость тоже не может быть постоянной, погружение чередуется с дистанцией - в природе нет ничего статичного. И хорошо, когда эти колебания синхронны.

Близость и экзальтация

В близости с другим человеком каждый из нас решает конфликт между страхом отдаления и страхом приближения. И вот, в зависимости от того, какой из этих страхов сильнее, получаем результат: отношения либо есть, либо их нет. Или же танец такой, с большими амплитудами: из слияния в отчуждение - и наоборот.

В общем, у каждого своя история, свой рисунок, конечно, но в этом конфликте всегда задействованы две базовые потребности человека: в принадлежности и в автономии, или лучше так: в близости и в безопасности.

Но, оказывается, бывает и так, что отношения не складываются из-за вообще абсурдного момента: когда на первый план выходит потребность в экзальтации, в исключительности. Если потребность быть в чем-то «выше других» очень сильна и она не удовлетворенная, человек может постоянно выбирать какие-то невозможные, слишком сложные и драматичные отношения. Или вообще никого не выбирать, и таким образом, перманентно оставаться в одиночестве. На удивление всем. Всю жизнь. Красивый такой, просто невероятный человек... и один! Но он ведь - исключительный, у него все не так, как у всех, ему не интересны тривиальные простые отношения. Ему нужно, чтоб - как в кино, ему - звезду с неба!..

И такое нередко бывает, сталкиваюсь в своей практике. Я думаю, что такое поведение формируется, если еще в раннем подростковом возрасте не было занято какое-то свое место в иерархии сверстников. Ну, помните же: популярность, там, и все такое... это же очень важно в 14-17 лет. Если амбиции были большие, а возможности их реализовать скромные (физические данные, характер, таланты не блещут). И при этом, склонность к уходу от реальности в мир иллюзий - колоссальная. Вот эти три условия для возникновения такого феномена, на мой взгляд.

Хотя, конечно, если глубже рассматривать, то это история тоже про безопасность. В экзальтации много безопасности – «Звезда» всегда недосягаема!..

«Синдром вдовы»

«В полутемной комнате у компьютера сидела девушка. Тусклый свет от монитора, и уже немного от окна, освещал ее уставшее, но красивое лицо, и было видно, что в комнате бардак. Не то, чтобы она была поглощена работой - ее давно ничто не захватывало так сильно, чтобы досиживать до рассвета - а просто было лень идти спать. Хотя она хорошо понимала, что дела придется снова отложить, что рано она опять не проснется, и завтрашнее самочувствие не позволит ей совершить трудовой подвиг... Но это стало таким привычным делом, откладывать все назавтра, что ей было уже все равно. Самый необходимый минимум она, конечно, выполняла, но страсть к работе испарилась давно, да и что там к работе! Ко всему уже

давно не было никакой страсти.

Раньше она любила, например, красиво одеться и просто пойти на прогулку, вызывая восхищенные взгляды мужчин и, как бы, равнодушно-заинтересованные - женщин. Но сейчас это было почти невозможно, потому что лишилось всякого смысла. Зачем одеваться, если Он все равно не увидит?! Зачем ей другие, если каждая обновка, каждый завиток ее волос, каждая накрашенная ресничка - только для него...

Предложения друзей пойти куда-то развеяться девушка тоже отвергала - нет настроения. Никто и ничто не будило ее интереса, кроме, разве что, новостей о Нем. Когда что-то напоминало о Нем, или о том недолгом, но счастливом прошлом, когда они были вместе, она вдруг погружалась в состояние упоительной тоски, щемящей ностальгии, выплакивала все свое горе в сладких, спасительных слезах. Это была разрядка, как ливень после удушливой жары. Она жила в эти моменты! Ведь она его так любит!.. Что может быть важнее?

Затем снова наступало безразличие, и лень. И неприбранная комната с тусклым светом монитора казалась ей лучшим местом на Земле, таким уютным и родным, где можно было ни о чем не думать и ничего не бояться».

Так бывает, и довольно часто, что у человека энергии в проживании собственной боли вдруг оказывается намного больше, чем в поисках удовольствия. То есть, ценность страдания почему-то оказывается выше ценности возбуждения. Проживание горя, безусловно, важно и необходимо - без прохождения этапов горевания отпустить ситуацию невозможно. Однако если все время опираться только на утраченное, то рано или поздно можно привыкнуть черпать удовольствие в страдальческой позиции. Тогда, незаметно, ценность утраченного все больше повышается, приобретая статус чего-то эксклюзивного и невосполнимого. Тогда как, напротив, работа горя предназначена как раз для того, чтобы эту ценность уменьшать, стирать со временем...

Почему так происходит? Опять же, две главные движущие силы жизни: страх и интерес. Трудно сказать, что сильнее – какая-то из них перевешивает в разные моменты времени. При «синдроме вдовы» получается, что зачем-то человек предает свой интерес, свое возбуждение в пользу страха, прикрывая этот процесс сверх-ценностью утраты. Как-то выгоднее, получается, умирать, чем жить.

Думаю, это связано с особенностями личности и с травматическим опытом, всегда в сочетании. Если с возбуждением - а точнее с проявлением, размещением его в контакте – всегда были проблемы, то неудивительно, что будет искушение ухватиться за такую возможность! Ведь гораздо безопаснее красиво страдать по «большой и светлой любви», чем рисковать предъявлять свое возбуждение и снова раниться. Как всегда, порочный круг.

Но разорвать его можно, было бы желание. И если Либидо еще живо и страсть к жизни теплится где-то, то нужно потихоньку, с поддержкой, под присмотром, пробовать «выползать из норы»... Именно в этом месте клиенты задают сакраментальный вопрос терапевту: как? Как научиться выживать, а потом и жить, полнокровной счастливой жизнью, как переписать сценарий по-новому?

Да только кропотливой работой. И ее надежда нужна, и вера. Вот не умели же вы когда-то ходить? И говорить тоже не умели. И писать, и читать, и более сложные манипуляции совершать. Но научились же! Так что же сейчас мешает приобретать необходимые навыки, путем проб и ошибок, ценой падений и моментов отчаяния?..

На этот вопрос каждый ответит себе сам. Никто никого не заставляет жить. И быть счастливым тоже не обязательно, и удовлетворенность, и счастье не является необходимостью! Просто такая возможность существует. А выбор всегда за вами.

О не-привязанности

У людей есть много разных видов общения: по делу и без дела, как вас зовут и сколько вам платят, как вам наше предложение, вы не сдали вовремя реферат, какая чудесная погода и почему дорожает сахар... Но стоит начать делиться с Другим своими переживаниями, и при этом, получать его чувственный отклик, то этот контакт навсегда перестает быть поверхностным. Эмоциональный резонанс неизбежно приводит к близости. Так уж мы устроены.

А за близость мы платим привязанностью. Но не все согласны с этой ценой. Есть те, кто отрицает эту связь и пытается играть в дзэн-буддистских монахов, изображая свободу от привязанностей. Это те, кому так и не удалось пережить болезненное расставание и боль; работа горя не была исполнена в полной мере.

«No woman no cry» - как пел великий Боб Марли. Нет близости - нет боли, так часто его понимают.

Но ведь это все равно, что отрицать свой голод. Ты, конечно же, никогда не отравишься, если ничего не будешь есть, но без поддержания обмена веществ умрешь от токсинов или истощения.

Но я все же считаю, что состояние относительной свободы от привязанностей вовсе не миф. Но достигается оно совсем другим путем. Жить с полностью открытым сердцем, быть предельно гибким, раствориться в мире, сохраняя себя - то есть, стать максимально контактным, любящим, принимающим. Тогда боль расставаний не так страшна, потому что течение жизни, энергии, любви сквозь сердце никогда не приостанавливается.

«Чемодан без ручки» или как выйти из дурной бесконечности

Хочу немного написать про эмоциональные качели — чуть ли не худшее положение дел в отношениях. Это когда и вместе невозможно, и врозь никак. Еще такую ситуацию называют «чемодан без ручки», когда временами терпеть становится ну очень тяжело и хочется все бросить, но от этой мысли накрывает ужасом, ведь ценность в этом «чемодане» вдруг оказывается какая-то огромная... И... туда-сюда... Знакомо?

Почему я говорю, что «ситуация из худших»? Потому что такой «перпеттум-мобиле» – это гениальная конструкция, которая может жить вечно. Движение в одну сторону дает энергию для возвращения в обратную. То есть, полюса друг друга питают. Знаете за счет чего? За счет крайности, чрезмерности, экзальтации, за счет всего рафинированного: если любовь -то до гроба, если разойтись - то навсегда...

Так, в каждом из полюсов очень мало реального, очень мало присутствия. Восприятие как бы уплощается, уходят полутона, объем. Опять же, почему? Из-за постоянного попадания в аффект (какое-то очень сильное чувство) который сметает все: контекст происходящего, чувствительность к партнеру, все остальные свои переживания – короче, все то, что ложится в основу здравого смысла.

А собственно, сам аффект возникает в момент крушения некой фундаментальной Идеи – той самой оси, на которой держится вся эта подвижная конструкция. «Это любовь всей моей жизни!» — «Нет, моя настоящая «половинка» не может от меня уйти!»... «Да, но у нас же дети!» — «Этот человек не достоин быть рядом со мной!»... Туда-сюда...

Как остановить этот маятник?

Первое, что нужно сделать, это поддать критике эту великую Идею: почему вы должны быть вместе, в каком таком месте, почему именно вы?.. Затем, перенести фокус внимания с представлений о том «как должно быть» на ваши реальные чувства и потребности. Проанализировать и честно признаться самому себе: что я получаю в этих отношениях, а что мне никогда в них не светит; чем я плачу, что вкладываю, и кому это нужно; что меня удерживает, а что отталкивает и т.д. Короче, вернуться в реальность. С предельной честностью перед самим собой все описать, без прикрас, и можно даже на бумаге.

Вот так. Остановиться, прислушаться к себе, признаться во всем себе – а еще лучше, партнеру – и впервые не принимать никаких радикальных решений. Просто: «пока так», «пока не знаю», «будь что будет», «посмотрим»… И с этих пор фокус внимания удерживать на себе: пусть критерием всех порывов буду ваши чувства и желания, которые при этом, совсем не стоит утаивать.

Да, и вот еще одно, чуть ли не самое важное: не терпите! Являйте миру (ему, ей) то, что происходит с вами, делитесь своими переживаниями, выплескивайте то, что для вас слишком. Помните: вам нечего терять, кроме себя! Никакая идея не будет вернее того, что клокочет у вас в груди. Рискуйте, выходите из зоны комфорта, если не хотите всю жизнь кататься из ада в рай. Все маятники существуют на энергии страха – а, следовательно, подавления, сдерживания себя во «имя чего-то», только вот - во имя чего?.. Если вас там нет.

И вот, когда получится увидеть абсурдность страхов и расстаться с ними, тогда дилемма: выбрасывать этот «чемодан» или тащить его дальше попросту исчезнет! Потому что найдется третье, четвертое… десятое (креативное) решение как с этим сейчас обойтись. Да и не решение вовсе, а живой поток чувственно-осмысленного опыта, здесь-и-сейчас, с верностью себе и с максимальной ясностью происходящего.

Любовь и антилюбовь

Есть любовь и есть «антилюбовь» - противоположность любви.

«Антилюбовь» — это не ненависть, не равнодушие и даже не отвращение. Это страх любви, это бегство от любви. Когда любовь уже есть, или она возможна, уже почти осязаема… но ужас сильнее.

Ужас слияния.

Когда любовь может поглотить меня, когда я исчезну в водовороте своих эмоций, и тогда я уже не смогу отличить правду от лжи, я стану рабом любви… И это уже было однажды в моей жизни, я больше не хочу.

В психологии это называется аддиктом избегания — в противоположность любовному аддикту, или любовной зависимости. Также, слово «аддикт» употребляется как существительное, описывающее человека с соответствующим паттерном поведения. На самом деле, любовные аддикты и аддикты избегания очень похожи друг на друга. И те и другие подвержены одновременно и страху покинутости, и страху интимности. Разница лишь в том, что любовный аддикт осознает страх покинутости, и не осознает страх интимности, а избегающий аддикт, напротив — осознает страх интимности и не осознает страх покинутости. Незаметно для себя, любовный аддикт организует свое поведение таким образом, чтобы при очевидном устремлении к интимному контакту, его так и не достигать, а избегающий аддикт, не допуская интимного контакта, тем не менее, не может отпустить другого насовсем.

Стоит только любовному аддикту приблизиться, как аддикт избегания тут же максимально отдаляется. Не в силах совладать с нарастающей тревогой, любовный аддикт усиливает свой контроль — и аддикт избегания исчезает совсем. Но! Стоит только любовному аддикту оставить затею вернуть любимого, перестать ждать, отвернуться от него… аддикт избегания тут как тут! И он сделает все, чтобы вернуть свою «половинку». Впрочем, больших усилий для этого не требуется…

Как в той басне: вот так они и жили… Да, вот так бегать друг за другом можно очень, очень долго. Пока не истощатся ресурсы терпения, прощения и надежды, что «в этот раз все будет по-другому». Очень часто такие крайне эмоциональные отношения, в итоге, распадаются. Несмотря на накал страстей, в них нет главного — любви. Человек не может любить другого человека, если не в состоянии находиться в одиночестве. Если в «любимом» человеке сосредоточено все его личное счастье, то вся власть переходит к нему. Любой из аддиктов сам себе не принадлежит, у него нет ответственности за свою жизнь.

Но не все так мрачно. Хоть и есть в такого рода отношениях налет обреченности, все же, по-другому может быть! Если хотя бы один из этой сладкой парочки начнет меняться. И тогда, либо создаются новые, более здоровые отношения, либо улучшаются старые за счет того, что партнер тоже начнет меняться. Но это только при условии, что между этими двумя существует, все же, нечто большее, чем игра.

Любовь и голод

Если в любовные отношения вступает человек, которому досталось мало родительской любви, то это всегда чревато страданиями. Любовь — это всегда, в каком-то смысле, отражение первых объектных отношений. На этой арене разворачивается все, что когда-то происходило между ребенком, ныне половозрелым, и его первыми объектами любви: мамой и папой. И если чего-то важного и существенного в процессе взросления ребенок не получил, то этот голод он будет пытаться восполнить в своих отношениях с партнером.

А что такое голодный человек? Как ведет себя человек, когда сильно голоден? Будет ли он есть неподходящую, или даже, непригодную пищу, испорченную пищу? Почему бы и нет, смотря насколько голоден… А если он ничего слаще и не пробовал? Тем более.

И вот, если очень голодный ребенок вдруг чует в потенциальном партнере то, чего ему так не хватало от «идеального родителя» — считайте, что он обречен. Внезапно этот прекрасный человек становится чрезвычайно нужным, жизненно необходимым, вожделенным. Так возникает зависимость.

Тот, с кем так хорошо, а без него так плохо, кто заполняет пустоту - становится объектом «слепой любви». Ощущение пьянящего счастья, потерянного рая рядом с возлюбленным переживается настолько сильно, что все остальное уходит в глубокий фон. Тяжко влюбленный человек не замечает несовпадений, несоответствий, неудобств, склонен игнорировать тот факт, что его потребности в этом контакте не удовлетворяются. Голод притупляет чувствительность: «любимого» готовы скушать с потрохами. Даже реакция на отвержение, пренебрежение с его стороны, как будто затирается, сглаживается — все застит жажда. Ужас сепарации побеждает отвращение.

Чуть позже проступает чувство неудовлетворенности, начинает расти, но даже, несмотря на это, по-прежнему страшно взглянуть на вещи трезво. Глубоко зависимый человек предпочитает находиться в неком тумане, пребывать в иллюзиях, лишь бы не утратить источник суррогатного питания. «Голодный» смутно понимает, что ним что-то не так, страдает и даже может просить о помощи, но любые попытки со стороны навести ясность, снять розовые очки только вызывают агрессию в ответ. Помощью, в его понимании, может быть только в виде рецепта «как изменить вкус «пищи» — то есть, запросы типа «сделайте с ним что-нибудь», «как сделать так, чтобы он (она)…» — но так, чтобы оставить в покое этот объект и пойти искать другой, как вариант вообще не рассматривается.

Я полагаю, что многие узнают себя в этом описании: хотя бы раз в жизни, но почти все переживали «несчастную любовь». Но также, есть и такие, кто несет это знамя сквозь всю жизнь, крайне неразборчиво выбирая себе объекты привязанности. Безусловно, в тяжелых случаях психотерапия необходима, усилия которой будут, направлены, в первую очередь, на восполнение внутренних пустот, пробелов в детско-родительских отношениях. Однако же, и сам человек может и должен помогать себе выйти из привычной модели поведения. Что можно для этого сделать?

В первую очередь, поставить правильный «фильтр». То есть, ориентироваться не на то, что привлекает и восхищает, а на то, что по-настоящему питает. Соответственно, и направлять свою либидинальную энергию следует на тех, кто делает для вас что-то хорошее, кто искренне вам предан, а не на тех, кто вас привлекает своими качествами. То есть, первично должно быть отношение к самому себе, а не к другому. Необходимо постоянно спрашивать себя: хорошо ли мне, комфортно ли, уютно ли мне в этом месте, с этим человеком, что он мне дает и чем я готов за это благодарить.

Во-вторых, замедлиться. Голодный человек ест очень жадно, и потому не в состоянии проконтролировать количество и качество поглощаемого. Если же каждый «кусочек» смаковать, тщательно принюхиваться и присматриваться — то и риска меньше, и удовольствия больше.

Ну и еще, пожалуй, не следует бояться голода. Сейчас чего-то нет — не беда, значит, будет попозже. Не нужно хватать первое, что попадется, не суетитесь: все произойдет своевременно! И это вопрос не веры в судьбу, а веры в себя. Поле богато бесчисленным количеством вариантов, они окружают нас постоянно. Но встреча с потребностью, происходит тогда, когда человек к этому готов. Важно позволить себе это иметь. Держите фокус на себе, своих желаниях и потребностях, и тогда, рано или поздно, вы обнаружите, что вы уже давно там, где когда-то мечтали, и с тем, кого на самом деле хотели видеть рядом!

Отношения

***

Настоящие, живые отношения всегда зыбки. Стабильность либо скреплена манипуляциями, либо вообще иллюзорна.

Немного о зрелых отношениях

Все люди, в глубине души, мечтают о безусловной любви, и чтобы их принимали такими, как они есть, без малейших на то усилий со своей стороны. Но в реальных отношениях это не более чем иллюзия, недостижимая мечта, потому что так любить может только мать своего ребенка. В зрелых отношений необходимо работать, приносить пользу Другому, вносить свой особый вклад в отношения. Но, и быть способным брать тоже! В гармоничных, зрелых отношениях важно сохранять баланс «брать и отдавать», и это задача обоих.

Что же это за «валюта» такая, которой платят оба за отношения? Да это может быть все, что угодно: кто-то приносит деньги в семью, кто-то создает уют, кто-то обеспечивает эмоциональную подпитку своему партнеру, кто-то умиляет своей красотой... Это уже кухня каждой конкретной пары, в которой только они сами должны разбираться и по своим ощущениям понимать все ли их устраивает.

Если этот баланс смещается в ту или иную сторону, возникает дискомфорт, который вызывает агрессию, которая в свою очередь, должна быть направлена на его восстановление. Если же агрессия замалчивается, подавляется и накапливается, то трещина в отношениях продолжает расти.

Например, один из партнеров считает, что он ничего не должен другому, кроме как просто быть, и другой будет недоволен от недостатка внимания к себе. Здесь можно говорить о нарушении эмпатической связи с

Другим, когда человеку сложно себя оценить адекватно, и свой вклад в отношения. Вот и ищет он всю жизнь подтверждение своей невыразимой крутизны, а рядом с собой никого не замечает. Это проявления нарциссизма.

Или другая ситуация: человек, вследствие своей истории жизни, научен только отдавать, а принимать не умеет (попросту не распознает): признание, любовь, благодарность и прочее, в чем на самом деле, очень нуждается. И остается голодным, и злым иногда, а в него, как в бездонную бочку, мало кто выдержит «вливать» бесконечно.

Или вот еще лучше: кто-то хорошо усвоил в детстве, что чувство вины у Другого - лучший инструмент манипуляций. И тогда человек из кожи вон лезет, чтобы доставить другому удовольствие, а «оплату» - не берет! «Что вы, что вы - да я же все для вас!..» И таким образом, делает всех обязанными его ангельской доброте (которая суть жертвенность). Конечно, такого трудно бросить из-за мук совести. Это основа со-зависимых отношений.

Примеров и случаев много - столько же, сколько людей - но суть везде одна. Конечно же, прежде всего, важна единственность – то есть особый выбор именно этого человека, конкретная личная любовь. Но на этом все сказки заканчиваются, как вы помните, а дальше наступает совместное житье-бытье...

Говоря гештальт-языком, любовь и единственность - это фигура в отношениях, а вот фон – это, как раз, вклад каждого в эти отношения, совместный комфорт и рост. И это уже задача развития отношений, и личностей в этих отношениях.

И если влюбленность возникает как бы «сама по себе», и ее трудно игнорировать, то для дальнейшего счастья важно трудиться, причем обоим. Любовь - это скорее работа, чем данность.

Плохо также, когда наоборот, фигурой становится комфорт, удобство в отношениях, а личные качества партнера уходят на задний план. Тут тоже о любви говорить не приходится, и это что-то тоже про детско-родительские отношения.

Месть или искупление?

Сидят старые дед с бабой, едят кашу.
Тут дед ни с того ни с сего как даст бабе ложкой по лбу!
- За что?!
- Да как вспомню, что тебя не девкой брал, так сердце кровью обливается!..

Анекдот

Если в отношениях случается какой-то стресс, например, если один нанес другому боль своим словом или действием, скажем, отверг или обесценил, или предал, то злость, которая возникает в ответ, никуда не девается, даже если обиженный «простил».

Такое понятие как прощение - это, собственно, вообще иллюзия. Прощение, в общепринятом понимании, предполагает, что злость каким-то образом должна исчезнуть из отношений, ее нужно предать забвению. Но исходя из закона сохранения энергии, ничто в никуда не уходит.

То есть, энергия злости все равно будет искать выход и проявится в отношениях обязательно, неизбежна отдача, «откат». И если злость не будет легализована, то она проявится в той или иной форме мести и будет разрушать отношения. Но если дать возможность этой злости жить в отношениях, то возможно совместно отыскать форму искупления вины.

Таким образом, виноватый получит возможность освободиться, а пострадавший - сатисфакцию на свой выбор. Безусловно, такой выход возможен при условии, что оба хотят сохранить отношения и обоим хватит мудрости эту «карму» нейтрализовать.

Законы физики и законы отношений

- А не могли бы Вы рассказать о теории относительности максимально просто?
- Ну смотрите, все в мире относительно: три волосины на голове - это мало,
а три волосины в супе - это уже много...

Анекдот

Теория относительности в физике, безусловно, звучит намного сложнее. Но самая суть ее прекрасно ложится на область человеческих взаимодействий...

До сих пор еще встречаются люди, которые живут по принципу: «есть только два мнения - мое и неправильное», но еще больше тех, кто искренне верит, что правда только одна, и многие ее даже ищут, эту «правду жизни»...

Тут нужно сделать оговорку: если дело касается конкретных фактов, типа крал/не крал - тут трудно спорить, тут правда одна. Но вот что касается вопросов суждений, убеждений, морали и тем более отношений во всем их многообразии - то есть все то, что наполняет человека - тут одной правдой вряд ли обойтись. И это одна из концепций философии гештальт-подхода: правд, столько же, сколько и людей...

Хотя бы потому, что каждая отдельно взятый индивид - это отдельная, независимая система (отсчета), относительно которой все в его жизни происходит, с момента появления этой самой системы. Реальность создается вокруг каждого отдельного сознания, и в результате, реальности «как таковой» вообще, как бы, и нет. А если есть, то мы о ней ничего не знаем.

Процесс формирования каждой личности уникален. Происходит наслоение опыта, формируется способность к творческому приспособлению (а в чем-то, наоборот, утрачивается), создается неповторимый рисунок.

Но самое главное, что вся эта история происходит в контекстном поле других, таких же независимых систем. Более того - благодаря их наличию и формируется. Хотя слово «независимые» здесь не совсем корректное, потому что все люди-системы развиваются только относительно друг друга: человек осознает себя только через Другого. Ближе понятие «взаимозависимые»: мы все влияем друг на друга, но при этом каждый живет свою жизнь.

Важно не забывать об этом, чтобы не отравлять отношения борьбой за власть идей. И если принять за основу, что и «это тоже правда, и это», то сразу же отпадает необходимость за что-то сражаться, что-то защищать, кому-то что-то доказывать или показывать. Зачем?

Единственная задача отношений - это донести ближнему о своих потребностях, прямо и доходчиво, о своих чувствах к нему, о своих желаниях, или - нежеланиях. Просто и без осуждения, без надрыва. Хотя бы потому, что многим раньше возникновения теории относительности Эйнштейна, Ньютоном было доказано, что любая сила действия равна силе противодействия.

Фигура, фон и отношения

В концепции гештальт-терапии существуют так называемые фигуро-фоновые отношения. Но сейчас я не о них, а об отношениях между людьми. Как обычно, лирическое вступление:

> *Нет ничего печальней жизни женщин,*
> *которые умели быть только красивыми (с)*

Так называемый «гештальт» (Gestalt) - это и есть фигура, которая выделяется из фона, но при этом с ним связанная. Если рассматривать человека, как фигуру, то фоном будет выступать его жизнь, его история, опыт и внутреннее содержание.

Фон создает фигуру, а также питает ее. Какой бы яркой фигура ни была, она обречена на истощение, если игнорируется фон. И если фон статичен, нет динамики, это также истощает фигуру. Например: если звезда эстрады будет все время исполнять одни и те же песни, при этом, не меняя имидж, она очень быстро «затрется».

Так и в отношениях: чтобы интерес сохранялся долго, необходима новизна, смена фона, то есть содержания. Когда человек все время меняется, создается динамика отношений, новые смыслы. Общие впечатления, увлечения, какое-то общее дело сближает и питает отношения. Ну и, конечно же, дети.

Если же человек статичен, не изменяется внутренне, или отщеплен от фона, возникает ощущение какой-то «пустоты». Наверняка встречали такое?

Такая внутренняя пустота может ощущаться, например, если кто-то очень сильно себя стыдится, и тогда теряет контакт со своим фоном - своим прошлым или настоящим. А когда нет внутренней интеграции «я», то приходится и ориентироваться на что-то внешнее. Так и возникает то, что называется «глянцевой культурой», где встречают по одежке, и провожают по ней же, потому что другого как бы и нет. Создание и поддержание имиджа, образа бывает важнее содержания человека...

А когда кроме образа ничего нет, сближение вообще невозможно, и соответственно невозможно никакое развитие отношений. И тогда только остается засекать время: насколько хватит яркости фигуры, пока она не надоест.

Отношения себя исчерпывают только тогда, когда роли статичны, когда вместо людей взаимодействуют их образы - тогда игра одна и та же. Но ведь каждый человек - это целая Вселенная, которую и жизни не хватит постичь. Вот только для того, чтобы себя предъявить, раскрыться Другому, необходимо, для начала, принять себя - как бы банально это ни звучало.

Простые правила хороших отношений

Все проблемы в отношениях начинаются с не проясненных проекций. «Ну да, ты же у нас такая звезда, куда нам!..», «А, ну, это на тебя похоже...», «Я знаю что ты хотел этим сказать!..», «Ты меня не любишь... и никогда не любил...», «Я вообще не понимаю: откуда в тебе столько...», «Ты совсем как твоя мать» и т.д. и т.п. Разрушительно, не так ли?

Большую часть людей никто и никогда не учил простым правилам экологичного общения, и им ничего не остается, как копировать модели поведения со своих родителей. Итак, из поколения в поколение, передается неспособность к эмпатии, эмоциональная глухота, и как следствие – обиды, разочарования, одиночество в семье.

Но некоторые стараются выйти из этой дурной бесконечности, благодаря повышению осознанности и работе над собой. Чтобы отношения стали гармоничнее, необходимо придерживаться простых правил, которые должны просто войти в привычку. Вот некоторые из них:

- Сообщать о своих потребностях. Догадываться о ваших желаниях, или даже нуждах - это задача мамы в ранние годы ухода за ребенком. Не нужно ожидать такого же от других людей, даже очень близких. Помните: просьба - лучший способ добиться желаемого.

- Просьбы также нужно озвучивать прямо. Намеки и манипуляции типа «вон какую шубку Зинке муж купил!..» в лучшем случае, могут быть не поняты. А в худшем – будут иметь обратный эффект, воспринятые как обесценивание.

- Просить вовремя. Просьба в пошедшем времени - это упрек.

- Задавать вопросы правильно. Утверждения под видом вопроса раздражают, вызывают недоумение и растерянность.

- Выпрямлять послания. То есть выражаться по существу, избегая двусмысленностей, когда не ясно: чего хотел, или что же мне все-таки делать? Иными словами, избегать т.н. «двойных», неясных, противоречивых посланий.

- Внимательно слушать. Каждый человек нуждается во внимании, и это означает не просто возможность захватить чьи-то органы чувств на какое-то время - каждый хочет быть услышанным.

- Уважение к потребностям другого человека, к его границам и к его особенностям. Если вы искренне не понимаете, что же такого люди нашли в футболе, это еще не значит, что просмотры матчей дома нужно запретить. Или, например, если ваша жена терпеть не может чистить живую рыбу, то не стоит навязывать ей разделить вашу радость от улова именно в такой форме.

- Идти на компромисс и прощать. Невозможно общаться тесно, или тем более жить вместе, ни разу не наступив друг другу на больной мозоль. С границами тоже не все так просто: никогда не знаешь, где они у Другого начинаются, а где заканчиваются, пока он об этом не сообщит. То же самое касается и вас. Поэтому - см. пункт первый.

Искусство давать поддержку

Я считаю, что умение поддержать кого-то в непростой ситуации - это настоящее искусство, или врожденный талант - это у кого как. Ведь практически у всех иногда случаются моменты в жизни, когда нужна поддержка от кого-то, или же наоборот, приходится побыть кому-то за психотерапевта. Но это далеко не у всех получается.

Моя мама, например - женщина, в целом, добрая и заботливая, потеряла мое доверие еще в очень раннем детстве именно из-за того, что совершенно не умела давать поддержку. И еще она, почему-то, совершенно не переносила слезы своего ребенка, хотя, это тоже очень важное умение для мамы. А ведь поддержать кого-то – это, по сути, побыть в материнской позиции!

И те люди, которые умеют по-настоящему поддерживать, обычно недостатка в друзьях не испытывают, и что такое одиночество им не знакомо. Хотя бы потому, что доверие и поддержка - это основа близких межличностных взаимоотношений.

Итак, я бы назвала такие основные приемы правильной поддержки:

Участие. Именно включенное присутствие Другого рядом, при любом раскладе - и есть суть поддержки. Человек, который в этом нуждается, как правило, находится в очень сложных переживаниях, и способность их выдерживать, находиться рядом, при этом оставаться эмоционально включенным, живым - уже великое дело. В принципе, этого иногда достаточно для достижения терапевтического эффекта.

И это не так просто, как может показаться. Переживаемые чувства бывают настолько непереносимыми для присутствующего, что неподготовленного человека может ненароком «снести», то есть включить какие-то подобные переживания из личного опыта. И тогда можно опасаться разрушительных реакций вместо поддержки, например, неосознаваемой агрессии.

Поддержание уникальности ситуации. Столкнувшись с проблемой, которая кажется неразрешимой, или с утратой, или, пребывая в остром кризисе, иными словами - сталкиваясь со своим бессилием - человек искренне переживает иллюзию, что он самый несчастный на свете. (Как в том еврейском анекдоте: «Ах, Сарочка, ну что же ты не сказала, что тебе хуже всех!»)

Поэтому, говорить в момент острого переживания псевдо-поддерживающие фразы типа: «Ну что ты, успокойся!..», «Не плачь, слезами горю не поможешь», «Еще и не такое в жизни бывает» и т.п. - по меньшей мере, негуманно. Почему? Да потому что - это самое настоящее отвержение! Мол, утрись и не реви, никому твои страдания здесь не нужны - вот такое получается послание вместо попытки «приободрить». Кроме усиления страданий и естественной злости в ответ вы ничего получите.

Особенно «радуют» попытки конкурировать в несчастье: «Да разве это проблема? Вот у меня...» Я бы сказала, что это уже настоящее мародерство.

Чужой опыт. Как известно, человек в разы быстрее справляется с кризисом, если у него есть пример успешного выхода из подобной ситуации другого человека. Так что иногда очень хорошо бывает поделиться своим личным успешного разрешения подобных трудностей, или хотя бы рассказом чужой такой истории. Но только, обязательно, с позитивным исходом!

И это стоит делать только после признания уникальности ситуации. Это следующий этап, когда человек уже не чувствует себя одиноким в своем страдании.

Волшебный «пендель». Да, иногда фрустрация - это колоссальная поддержка! (так же как и поддержка, иногда - мощная фрустрация). Если между вами существует доверие, то даже если вы иной раз отчитаете своего друга «как школьника», человек поймет вас правильно – что вам не безразлично, что с ним происходит, и вы переживаете за него.

А вот чего, напротив, совсем не стоит делать - так это давать советы, если их не спрашивают. Желание блеснуть своим умом и благополучием на фоне «разобранного» товарища - не самое человечное проявление.

И еще: при намеренной фрустрации в фоне обязательно должна читаться любовь! А также важно, чтобы такой вариант поддержки не оказалась самым настоящим отреагированием (acting out) собственных чувств: к подобным ситуациям, или вообще, к самому товарищу.

Дифференциация. И самое главное при любом способе поддержки - это не сливаться со страждущим. Если вы так же, как он начнете заламывать руки и впадать в истерику, это только усилит эффект. Так запускается механизм паники...

Только оставаясь отстраненным, можно дать конструктивный совет по выходу из кризиса, найти нужные слова и действия, которые смогут вывести человека из того состояния, в котором он сам ходит по кругу и натыкается на собственное бессилие. Короче, не забывайте русскую народную пословицу: «Одна голова - хорошо, а две – лучше» (в шуточном варианте – «а две - много»).

Идеальные отношения

Искатель идеальных отношений (даже если в этом ни за что не признается) всегда имеет массу вполне конкретных, и часто непоколебимых, ожиданий от своей «второй половины». Он очень четко представляет: какого партнера хочет - а какого не хочет, какое качество в нем должно быть обязательно - а вот чего он, ни в коем разе, не потерпит в своем избраннике.

С одной стороны, знать, чего хочешь – это, в целом, неплохо, и даже хорошо. Знать себе цену, впрочем, тоже. Но что же все время не так? Почему же это прекрасное будущее, полное упоения «самым лучшим человеком на свете», все никак не наступает?

А все объясняется очень просто: этот «прекрасный человек» - ни кто иной, как он сам! Собственной персоной. Образ, сотканный из собственных проекций и отщепленных частей себя, призрак несбывшихся надежд относительно себя, и не имеющий ничего общего с реальностью...

«Идеальные отношения» - а точнее, идея об идеальных отношениях - обречена на провал. И даже не потому, что найти полное удовлетворение в одном человеке невозможно. А потому, что упускается самое важное - то, что делает отношения отношениями.

Потому что когда все известно наперед: что допустимо, а что нет, чего можно ждать, а чего никак быть не может - это уже не отношения! Это может быть, например, торговля, или игра, или зависимость, или экзальтация, или любовь к собственному отражению в чистой глади пруда... - все, что угодно, но только не отношения.

Разность, непредсказуемость, интрига, драйв, секс, риск, шестое чувство, вера, надежда, любовь... - вот что есть отношения! И только в этом есть жизнь.

О вреде сдерживания

Господа! Не сдерживайте своих желаний - никто не станет о них догадываться. Это, во-первых.

А во-вторых, предъявляясь в «урезанном», «отфотошопленном» виде, вы вряд получите то, что вам на самом деле нужно. Ведь вы транслируете не себя.

Ну и потом... Вы не можете знать наверняка, как будут восприняты ваши проявления. Возможно, именно ваша искренность и свобода быть собой станет решающим фактором расположения к вам!

Хорошие/плохие отношения

«Хорошими» принято называть отношения комфорта, я так понимаю. Конфликтные же отношения, несущие дискомфорт и напряжение, обычно называют «плохими».

Но есть более точная, на мой взгляд, дуальная пара. Это конструктивные – деструктивные (или разрушительные) отношения. Ведь не всегда «хорошие» отношения хороши, а плохие - плохи.

Под понятием «комфортные отношения» может лежать обычная конфлюэнция, не дающая возможности прогресса. В то же время, конфликты часто несут в себе большой ресурс для роста обеих сторон.

Зрелые отношения

Ребенок нуждается в матери, в полнейшем принятии ею и безграничном доверии, короче говоря, в слиянии. Чуть позже, маленький человек ищет слияния со своими сверстниками (как правило, идеологического) по принципу «кто не с нами – тот против нас». Так реализуется потребность в принадлежности у пока еще не совсем сформированной индивидуальности.

Вырастая, люди нередко застревают на этих стадиях, требуя от партнера «безусловной любви», принятия и отсутствия агрессии в свой адрес. Их партнер не может иметь отличную точку зрения на важные вопросы, исповедовать другие ценности и испытывать противоположные чувства к тому, что дорого их сердцу. Иначе - это не партнер! Это - предатель какой-то, змея, сумевшая пригреться на груди! Нарушение «конвенции» воспринимается ими как отвержение, предательство и конец любви. Короче - как катастрофа.

«Недозрелый» человек не идет в близость, потому что ему недоступны амбивалентные чувства. Только взрослый может одновременно испытывать к кому-то противоположные чувства, удерживаясь при этом в контакте. Более того, такая «фактурность» и противоречивость сближает. Все мы не без греха… Но это сложно понять, а тем более прочувствовать тем, у кого в любви все только черное или белое.

Зрелый человек способен реагировать нежностью на несовершенство своего любимого, принимая на время роль символического родителя. «Маленький» же не в силах простить партнеру его разрушительность только потому, что разрушается сам.

Чем ближе к сердцу мы пускаем кого-то, тем больше вероятность боли и ее интенсивность. Иммунитета от этого нет ни у кого. Чем больше открытость, тем больше ранимость. Чтобы легче справляться с болью, необходим большой внутренний ресурс восстановления себя. Гибкость - как альтернатива хрупкости и ригидности.

И этот ресурс – «Я». Цельность и верность себе. Взрослость и зрелость… Если есть «Я», то возможна встреча с «Ты». Зрелые отношения – только для взрослых.

Ткань отношений

Ткань отношений… Эту красивую метафору я взяла у одной моей хорошей подруги. Тантра, ткань – то, что связывает людей незримыми, но такими явными, нитями, — и отношения, как процесс создания и разрушения этой ткани…

Жизнь, как дыхание Вселенной, может быть описана через какие-то определенные законы. И человеческие отношения, как часть жизни, также имеют свои закономерности, которым можно найти аналогию на других планах и уровнях. Вот, например, кварки — «строительные блоки» протонов и нейтронов — никогда не бывают одиноки. Они существуют только группами и никогда — по одному. Сила, которая связывает кварки, увеличивается с увеличением расстояния между ними, так что, если попытаться оттянуть один кварк от другого, то чем сильнее вы будете тянуть, тем сильнее он будет пытаться вырваться и вернуться обратно. Свободные кварки не встречаются в природе.

Согласитесь, в отношении людской природы это так же справедливо. Людям не свойственно быть абсолютно одинокими — даже самый заядлый отшельник рано или поздно начнет тосковать по общению с себе подобными. Если же двое людей искренне нравятся друг другу, между ними образуется своего рода «гравитация» — сила притяжения, которая будет расти с увеличением расстояния. В то же время, чрезмерное приближение, наоборот, способно оттолкнуть, отдалить их. Насильственное вторжение в личные границы и вовсе становится серьезным испытанием для дружбы и любви.

Все в природе стремится к гармонии. Каждую семью, и даже пару, можно считать саморегулирующейся открытой системой — по сути, отдельным мета-организмом с отдельной границей контакта. Для того чтобы выжить и чувствовать себя хорошо, всякая система стремится сохранять динамическое равновесие. К примеру, если один регулярно «пьет кровь» у своего партнера, а потом вдруг перестает это делать, — у второго начнут скапливаться излишки своей «дурной» крови. Гомеостаз в системе будет нарушен. И тогда, чтобы семье сохраниться, обоим придется искать другие способы взаимодействия. Так же, если один стремится много отдавать, то другому необходимо будет уметь брать, принимать.

Так, каждый участник отношений вкладывает в них что-то свое, но только обоюдными усилиями «сплетается полотно». Причем красивая ткань может получиться только из подобных нитей: сложно сочетать, к примеру, тонкую шелковую нить и грубую бечевку. Излишнее натяжение тоже создает перекосы, равно как и слишком слабое... Тот, кто придает сверх-ценность отношениям, их же и губит: постоянное напряжение может в итоге привести к разрыву. Только в расслабленном и включенном состоянии сохраняется достаточно внимания, которое необходимо для гармоничного течения процессов.

Ткань отношений — вещь тонкая и непредсказуемая, как сама жизнь. И здесь, пожалуй, все, что в нашей власти — это высокая осознанность и намерение быть счастливыми.

***

У людей не бывает недостатков, равно как и достоинств - есть только особенности. «Недостатками» мы называем то, что нам в людях неудобно, или просто не нравится. «Достоинствами» же - то, что вызывает у нас восхищение или чувство комфорта рядом.

О дружбе и любви

О человеческой дружбе

Дружба возможна только для тех, кто подружился сам с собою, кто принял в себе свои теневые стороны. Кто готов встречаться со своей же завистью, ревностью, меркантильностью, страхом быть покинутым, со своей жестокостью… и сказать им: » Ну что ж, будем жить вместе, будем жить дружно». А если же собственная тень отвергается, тщательно скрывается от самого себя — а уж от других и подавно! — то все равно ничего хорошего не выйдет. Потому что в тесном контакте рано или поздно все развернется, и любой внутренний конфликт проиграется, как на арене. Такое уж свойство есть у близости — она, как реагент, все тайное хорошо проявляет.

Ведь друг — это, прежде всего, зеркало души, одна из ее проекций. Посмотрите на всех, кто вас окружает, на каждого пристально. Из всех можно по чуть-чуть собрать себя… Такое вот разное «я» и многогранное. И разве это само по себе не ценно?

Настоящий друг — ведь это не тот, кто должен тебе чего-то, или ты ему: верность ли, понимание ли, принятие, взаимопомощь… Дружба — она случается как стихия; это притяжение сердец, которые потом сами решают, что им отдавать, а что требовать в этом контакте. У каждого свое понимание и ощущение обмена, своя мера, и она всегда готова измениться — вряд ли это главное, что держит людей вместе.

Гораздо важнее узнать себя через Другого, присвоить себе свои же качества, понять свою ценность, ощутить свою важность, научиться чему-то новому, вырасти, позволить себе то, что раньше нельзя было и представить — все это мы постигаем через друзей. Прикоснуться к другой вселенной и обменяться.

А еще, в дружбе человек учится любить. В близких отношениях с другом проявляются все ожидания от объекта любви, способ с ним взаимодействовать. Дружба — это следующий уровень отношений после детско-родительских. Мы учимся любить кого-то другого, кроме мамы и папы, узнавать его, вызывать интерес к себе, формировать привязанность. Учимся нравиться кому-то еще. И все, что осталось непрожитым, недополученным или острым в отношениях с родителями, рискует вылиться в дружбе, равно как в любви. И даже обязательно выльется! Потому что отношение к самому себе уже сформировано, и другого пока нет.

Но дружба чем ценна: она дает возможность многое изменить! Принять свое несовершенство, прожить страх отвержения, научиться здоровой конкуренции, научиться заботиться о ком-то еще, кроме себя… Много чего можно сделать посредством дружбы, много ценного обрести, а от ненужного - избавиться. Хотя и непростое это дело - дружить, как и все, поистине настоящее, в жизни.

О романтизме

Есть романтики и реалисты. Но есть еще категория, страдающих особо злостной формой романтизма – «алхимики». Это очень упрямые люди, которые всю жизнь пытаются сложить из кубиков «Ж», «О», «П» и «А» разные другие слова.

И вы знаете, иногда у них получается! Но не слишком часто, конечно. Зато энергии злокачественного романтизма столько, что обычно хватает на всю жизнь.

Жаль, что все кубики переработать невозможно…

О любви, контакте и подлинности чувств

Встреча двух личностей подобна контакту двух химических веществ: если есть хоть малейшая реакция, изменяются оба элемента.

Карл Густав Юнг.

Гениальное высказывание Юнга - очень емко он описал явление контакта. Люди вообще колоссально влияют друг на друга, если Встреча происходит. Ты никогда не будешь прежним, если позволил кому-то приблизиться, пустил в свое сердце. Думаю, любая психотерапия базируется на этом.

Я такой, потому что ты есть (с). Да, по большому счету, мы вообще не можем знать какие мы «сами по себе» - нужен кто-то еще, чтобы познать.

А любовь, мне кажется - это и есть та ответственность за влияние на Другого. В сфере романтической любви есть даже такой неписаный маркер искренности чувств: если человек становится лучше от этой связи – значит, Любовь...

И это всегда обоюдный процесс. Безответной, неразделенной любви не бывает, я так считаю. Это может быть что угодно другое: идеализация, зависимость, обольщение, влюбленность... но не любовь.

Настоящее чувство всегда взаимно, хотя отношения далеко не всегда бывают гладкими. Но это уже другая история.

Не нужно бояться любви

Любовь всегда несет в себе трансформацию, даже безответная. Встретившись друг с другом, люди изменяются навсегда. Даже если это встреча лишь с проекцией своей глубинной, забытой (и забитой) части, со своим «внутренним мужчиной» или «внутренней женщиной» - сакральным объектом идеальных отношений, по которому всегда тоска... Ничего, это тоже полезно: многое узнать о своем устройстве, о своих истинных желаниях и нуждах...

Никогда не стоит бояться любви. Любой опыт полезен, даже болезненный, он ведет к обретению себя и росту личности. Но при одном лишь условии: если этот опыт будет ассимилирован, то есть, станет частью личности.

Краткая технология «сбычи мечт» о большой и светлой Любви

Для начала, узнайте кто вы. Не по паспорту, а феноменологически: то есть, что вы за человек - как можно больше о себе. Осознайте и присвойте как можно больше ваших личных качеств, даже неприятных... Особенно неприятных!

Выбросьте из головы всю чушь, какую только получится - про то, как «это должно быть», «как правильно», «как у всех нормальных людей», «как в кино» и тому подобное...

Завершите все незавершенные ситуации - по возможности - ну хотя бы, самые острые. Иными словам, закройте за собой все двери.

Ассимилируйте опыт всех предыдущих отношений. Поверьте - он бесценен!

Определитесь: чего вы хотите от отношений. Чего вы не хотите - тоже будет не лишним. Но чего, и кого, вы хотите - это нужно понимать очень ясно, а точнее, ощущать всем своим существом.

Прислушайтесь к себе: вы «достойны» таких отношений? Вы-то сами готовы к ним?..

Позовите (внутренне) того, кто вам на самом деле нужен. Не важно, каким способом, главное - искренне.

Распознайте. Того, кто зовет вас...

Сомневайтесь. Помните, что в жизни нет ничего идеального, тем более – в мире людей. Ваши ощущения и переживания - главный ориентир, единственный критерий правильности выбора.

Просто будьте собой. Нет смысла быть кем-то еще - это сбивает «настройки».

Не скрывайте своих чувств - говорите о них, любым способом! Имейте смелость преодолеть свой страх и стеснение. Смущайтесь, это очень трогательно!

Сохраняйте свою чувствительность к полю - то есть, замечайте, как на вас реагируют в ответ. Не закрывайте глаза, не теряйте голову... Не теряйте себя, в общем! Оставайтесь в реальности.

Ну, и напоследок - старайтесь. Чтобы было хорошо... эммм... не только вам. Отбросьте свой эгоизм. Отношения - это творческий труд, временами нелегкий, но зато точно нескучный и очень приятный!

Гендерное

О женской дружбе

Бытует мнение, что женской дружбы (как и женской логики) вообще не существует. Есть другое, более цивилизованное, мнение: крепкая женская дружба возможна только в том случае, если у двух женщин развита мужское начало. Что ж, возможно. Например, такие качества как верность другу (Родине), умение держать слово, ответственность, готовность пожертвовать своими интересами ради общего дела... больше свойственны мужчинам. Женственность в чистом виде такого, вроде как, не предполагает.

В мужской дружбе все просто: если ты мой друг, то я за тебя должен постоять. Это понятия долга и чести, это - по-мужски. Предательство, малодушие, трусость - это ниже достоинства мужчины. Таковы понятия мужского мира. Добавьте сюда взаимопонимание, привязанность и комфорт в общении - и получится крепкая мужская дружба.

С женщинами сложнее, потому что женщина живет не по понятиям, а по любви. То есть, дружба между двумя женщинами будет базироваться на любви. Сестринская, материнская... можно называть как угодно - но это именно любовь. Эмоциональная вовлеченность женщины всегда предполагает какие-то иррациональные знания о близком человеке; она всегда почувствует, если что-то не так, уловит настроение или тенденцию дальнейшего развития, поддержит и вдохновит...

В этом плане, женская дружба, пожалуй, глубже мужской. Вы можете себе представить мужчину, которому приснился вещий сон про его друга, и у него теперь смутное предчувствие, что у того в семейных отношениях что-то скоро не заладится? Или группу мужчин, которые гадают в рождественскую ночь? Я с трудом.

Женщины необходимы друг другу, «бабье царство» создает особое поле магнетизма, которое обогащает, питает женскую идентичность. Никто не может понять женщину, кроме другой женщины. Женщины научаются друг у друга истинно женским премудростям, помогают найти решение проблеме, делясь своим опытом и призывая на помощь интуицию. Безусловно, что-то подобное можно сказать и о мужчинах, и мужском обществе: только в атмосфере лояльной конкуренции мужчина эффективно обучается, взрослеет, крепнет.

Конкуренцию в женских отношениях, правда, тоже никто не отменял. Как бы ни любили они друг друга, но женщинам комфортно вместе только тогда, если каждая чувствует себя в равной степени ценной, успешной, любимой. Самооценку они друг другу, безусловно, повысить могут, как никто - на то она и дружба - но если перекос сильный, то проблемы неизбежны.

И хуже всего, когда при этом «более счастливая» начинает - от большой любви, разумеется - вторую за собой подтягивать, пытается ее как бы «вынянчить».

И это крайне опасно: так отношения из сиблинговых незаметно перетекают в детско-родительские. А там, где вступает в силу материнский перенос, все всегда очень и очень непросто. Ведь мама - это, с одной стороны, самый нужный человек для девочки, но с другой - именно маме (в свое время) необходимо доказать, что ты лучше ее... В общем, любовь и ненависть всегда ходят рядом, а поводом для ссоры стать может банальная зависть.

Вот как раз из-за таких историй, чаще всего, женская дружба имеет репутацию чего-то крайне неустойчивого, или вообще эфемерного. Ну и, конечно же, ситуации, когда появляется один объект любви на двоих. Такое редкая дружба может выдержать - как мужская, так и женская. Но тут тоже можно вопросить: зачем выбирать одного и того же мужчину и драться за него, если он не последний на земле? Ведь, как ни печально, такой объект «любви» часто оказывается, всего лишь, средством выяснения отношений между двумя девочками.

В общем, развивая тему способности женщин любить (и дружить), неизбежно затрагивается тема разницы между зрелой близостью и слиянием. Не прояснив между собой отношения, и от сильной конкурентной тревоги, женщинам часто проще объединиться в одно целое, то есть впасть в конфлюэнцию (слияние).

В такой «дружбе» нужно ходить только вместе, носить похожую одежду, слушать общую музыку, любить одни и те же фильмы... Не дай бог вовремя не поинтересоваться, что произошло у подруги вчера вечером или забыть, что сегодня годовщина ее знакомства с парнем, которого она любила больше всех в своей жизни! Такие промахи чреваты жестокой обидой и «отлучением от груди».

В общем, в такой дружбе-слиянии всегда появляется некое «мы», которое «лучше других», и этот оазис нужно, во что бы то ни стало, сберечь - так удобнее и безопаснее выживать в этом жестоком мире. А когда есть такое «мы», всегда находится какое-нибудь «они», и наоборот. Это тот самый случай, когда говорят: «Против кого дружите, девочки?»

Так вот, к чему я веду, собственно: если женщина довольна собой, целостна и удовлетворена - только тогда можно говорить о настоящей женской близости-дружбе. И вообще о способности любить и принимать другого человека рядом.

Мужчин, например, всегда настораживает, если у женщины нет близких подруг, или все подружки страшные, или она вообще негативно отзывается обо всем женском роде. Мужчины выбирают дружелюбных и общительных девушек, у которых хорошие, приятные подруги, и от которых веет теплом. Бессознательно чувствуют, что такая женщина способна любить и заботиться, в том числе, и о нем. Может, по этой же причине, мужчинам так нравится наблюдать лесбийскую любовь?..

Мужчина и женщина с точки зрения времени

Думается мне, что формы гендерных взаимоотношений видоизменялись на протяжении веков, и имели тот или иной рисунок, только вследствие определенных психологических травм, характерных для того или иного исторического времени.

Сама же суть отношений мужчины и женщины всегда остается неизменной - так же, как и набор химических элементов для нашей планеты, или продолжительность дня и ночи в определенное время года, на определенной широте и долготе.

Те или иные современные проблемы в сфере сексуальных взаимоотношений, в полоролевых аспектах, вопросы семьи и брака в западном обществе, и тому подобное - не что иное, как отголоски не так давно прошедших войн, политических революций и экономических катаклизмов.

Советская женщина: холодная война

В наших постсоветских женщинах существует удивительный парадокс. С одной стороны, мы сохранили заметную женственность: готовность идти за мужчиной, быть гибкой, покоряться ему, в хорошем смысле. В нас осталось много восточного, исконно женского, и это ценно. Это привлекает мужественных мужчин, поэтому «русские жены» так востребованы на западном рынке невест. Наши женщины следят за собой и очень хотят нравиться, соблазнять.

Женщины «западного образца» эмансипированы и стервозны, постоянно бросают вызов мужчине, говоря ему, как бы: «Ты мне не особо нужен», — и это напрягает. Мужчины устают от такой неестественной и неравной борьбы, и потому их тянет к «русским женщинам». Но зато, западные фемины гордо несут достоинство женщины, и это чувствуется. Мол, я хороша сама по себе: я могу рожать, а могу строить карьеру, я могу выйти замуж, а могу остаться свободной. С такой женщиной интересно, ее хочется завоевывать — если она только не перегнет палку в конкуренции с мужчиной.

Так вот, с другой стороны в наших женщинах — в отличие от западных подруг - тщательно вытравлено ощущение собственной ценности. Как женщины. И даже как матери! Как-то так получилось, в результате исторических перипетий и культурных наслоений: есть какой-то глубокий иррациональный стыд быть простой женщиной, а особенно стыдно — быть женщиной «без мужика». Мол, нежизнеспособная, никому не нужная, не конкурентная. Я думаю, что во многом, это отголоски послевоенного периода…

Именно поэтому так много гуляет не легализованной женской агрессии: завоевав, отхватив мужчинку, наши «амазонки» так и норовят поставить ему поскорее ногу на грудь, как трофею! Не купил шубу — мудак! Не любишь, значит. И я тогда уважать тебя не буду. Очень важно получить доказательство собственной ценности, и часто это делается через материальное стяжательство. Чувствуя свою власть, женщины, выращивают мужчинам комплекс несостоятельности, чтобы лучше контролировать. Из своих же страхов, конечно.

А противоположный полюс такого отыгрывания — это со-зависимость, к которой так склонны «русские жены». Невероятная, почти фантастическая, устойчивость в отношениях: советские женщины были готовы не только терпеть невнимание со стороны мужа, но и тянуть на себе весь быт, а иногда еще и роль кормильца семьи! Такая сверх-ценность мужчины была нормой, да и сейчас этого много еще встречается в семейных отношениях.

В то же самое время, все мужское, как раз, убивается, уничтожается таким вот со-зависимым, опекающе-контролирующим поведением, и рождает ответную агрессию. Не зря «русским» мужчинам (если «в среднем по больнице») приписывают наличие садистического компонента в характере. Никто в долгу не останется, сами понимаете.

Такая вот «холодная война» полов. Жалко то, что тогда очень мало места остается для удовольствия, игры, легкости, наслаждения и взаимной поддержки. Только вот понять трудно, кто первый начал…

Как усыновить мужчину

Если вы глубоко не уверены в себе, боитесь потерять контроль в отношениях и вообще избегаете настоящей близости с мужчиной, но при этом хотите его удержать — есть один способ. Вы всегда можете попытаться занять вакантное место его мамы! Вот вам несколько практических советов, как постепенно нейтрализовать чисто мужские проявления, а у некоторых — даже мужские качества. Эта инструкция также будет интересна матерям, которые воспитывают сыновей в одиночку. Итак…

1. Как можно чаще рассказывайте мужчине: как и что ему нужно делать, давайте ценные советы. Даже если он все и «сам знает», вам со стороны всегда виднее.

2. Если вам не нравится, как он что-то делает, смело критикуйте своего мужчину. Особенно при очевидных промахах: не упускайте возможность заострить на этом внимание, чтобы в другой раз такое не повторилось. Так вы помогаете ему совершенствоваться.

3. Обслуживайте своего мужчину в быту на все сто, чтобы он никогда не успевал озадачить себя: что бы ему поесть, что надеть и чем помыться. Отдавайте всю себя заботе о нем, это ведь ваша святая обязанность!

4. Не позволяйте себе открытые всплески раздражения. Если он вам чем-то досадил, лучше вспомнить это позже, вскользь, в виде упрека. Пусть чувствует вину — ему полезно, а вам на руку.

5. Контролируйте его: где был, как долго, зачем, с кем, что делал... Вы ведь всегда волнуетесь за него!

6. Если вам что-то нужно, лучше не просить, а спокойно требовать. Ведь мужчина — если он, конечно, настоящий мужчина — должен вам по определению.

7. И главное: всегда и все прощайте своему мужчине: что бы он вам ни причинил — ваша любовь сильнее! Безусловная Любовь...

Ну вот. Если придерживаться большинства пунктов этой инструкции (и при этом мужчина не сбежал!) то будьте уверены: рано или поздно вы получите апатичное, безынициативное и безответственное существо, практически ничем вам не угрожающее. Теперь вы можете эффективно им управлять и одновременно отыгрывать на нем свои обиды на весь мужской род.

Если же вам по душе как раз противоположное, то стоит избегать подобных действий в отношении мужчин, особенно близких. А то как, напротив, поддерживать мужественность и вдохновлять его на подвиги ради вас, подсматривайте у своих более успешных подруг!

Уж замуж невтерпеж

На днях была Покрова; в это день, в старину и поныне, незамужние девушки просят Небо помочь им найти жениха и непременно выйти замуж в этом году. И это так по-женски: пытаться влиять на будущее, на другого человека — в общем, управлять тем, чем управлять нельзя. И потому никогда не зарастет тропа к гадалкам, астрологам, ясновидящим — всем тем, кто обещает дать ответ на сакраментальный женский вопрос: когда же я выйду замуж? Чуть более продвинутые пользователи ищут того, кто сможет им качественно рассказать и показать: как это сделать, то есть, продать технологию «как выйти замуж». Следующий «лэвэл» (осознанности), это когда девушка ставит вопрос примерно так: как строить отношения с мужчиной, чтобы он захотел на мне жениться?

Во-первых и сразу скажу — никак. Если, конечно, речь идет о браке по любви.

Невозможно открыть волшебный секрет женского счастья, универсальный источник женской мудрости через голову. Любовь — это дело сердца, а еще точнее — всего существа в целом. И потому изначально нужна целостность, но как же часто пытаются идти через мозг!..

Как много написано публикаций, книжек, постов с инструкциями по привлечению, завоеванию мужчин, а также доведения их до брака. И такая информация крайне востребована, а женские тренинги бьют все хиты. Миллионы одиноких женщин обращаются к чужому опыту за тем, чтобы получить свой. Но то ли нужно на самом деле?

Конечно, если цель — повторить подвиг Мата Хари, или ей подобных, то вполне возможно, что «особые знания по обольщению мужчин» могут пригодиться. Но если цель — не совершенство в профессии, а — создание отношений любви, то тут необходимо другое. У каждой пары своя уникальная Love Story, и она творится спонтанно и непредсказуемо. Нельзя просчитать, сколько свиданий нужно выдержать до секса, кому и когда звонить, дарить ли подарки… Там, где начинается расчет, кончается любовь. Возможно, есть какие-то общие закономерности, но никаких правил не существует. Каждая женщина способна интуитивно выстроить отношения наилучшим образом для себя, и для своего мужчины, при условии, что будет при этом искренней и спокойной.

Если чего и не хватает современной женщине — так это простоты и чистоты. Естественность, спонтанность, расслабленность, легкость… Это качества, скорей, со знаком «минус». То есть, их нельзя приобрести — их можно только высвободить! Освободить от груза вот этих самых знаний «как надо», «как подобает», «как лучше». Современной женщине, чтобы стать неотразимой, достаточно просто себя расколдовать, освободить свою женскую суть! А это невозможно почерпнуть извне. Не нужно «искать женственность» вокруг, это бред. Каждая женщина уже обладает своим природным шармом, на который «клюнет» тот самый - «ее мужчина». Но расслабиться и довериться потоку (событий) — звучит почти ужасающе для большинства одиноких женщин.

Итак, на мой взгляд, два самых злостных врага отношений любви, от которых нужно избавляться — это предвзятость и тревожность. Предвзятость, или обусловленность, — это некое заготовленное знание о том, как все должно происходить. А также, каким должен быть Он. В общем, все убеждения, которые, так или иначе, сводятся к формуле «настоящий мужчина должен». Мужчина вам ничего не должен, равно как и вы ему. По крайней мере, до тех пор, пока у вас нет общего ребенка.

Тревожность — еще одна беда многих и многих женщин. Невозможность довериться процессу — а отношения это процесс — порождает желание контролировать. В самой сути отношений заложена неопределенность, и тот, кто не может выдерживать напряжение неопределенности — тот не готов к отношениям в принципе. В женском варианте контроль вдвойне неприятен, потому что оживляет в памяти мужчины образ мамы, или бабушки из далекого детства. Не очень сексуально.

В общем, милые барышни, главный смысл этой статьи в том, что никто, кроме вас не знает лучше, как вести себя в делах амурных. Все, чему стоит научиться — это расслабляться и доверять себе.

И если есть какой-то универсальный мудрый совет, то он, пожалуй, такой: прежде чем получить, попробуйте отдать. Желая влюбить в себя мужчину, начните любить его сами. Хотите получать от него то, что вам хочется — для начала, узнайте то, что ему от вас может быть нужно! Любить и дарить любовь — это счастье само по себе. Никаких дополнительных усилий не нужно. Любящая женщина источает особый аромат, который трудно скрыть. Именно на него приходят мужчины в вашу жизнь!

Чего хотят женщины, чего ждут мужчины

Какие потребности стремятся удовлетворить мужчины и женщины в любви, зачем вообще вступают в парные отношения? В чем это у них совпадает, и в чем есть отличия? Конечно, тут придется немного обобщить, но от этого никуда не деться в подобных заметках. Кроме того, это всего лишь мое мнение, и всего лишь в данной точке моей жизни.

Итак… Чего же хочет женщина от мужчины? Прежде всего, быть с ним, быть в паре. Нравиться своему мужчине, быть для него всегда желанной, незаменимой, любимой. И при этом обязательно — любить самой. Это потребность в привязанности, в принадлежности (невротическая), и у «правильной» женщины она стоит на первом месте. Женщина заточена под любовь, состояние эмоциональной зависимости для нее — вообще-то, норма. Безусловно, степень погружения может быть разная, но если женщина мужчину любит, то она всегда в нем растворяется, настраивается и подстраивается под него.

Но при этом, женщина хочет быть при таком мужчине, которым она сможет гордиться! С которым не стыдно быть — прежде всего, перед собой не стыдно. С таким мужчиной, который «круче» ее хотя бы в чем-то: сильнее, умнее, богаче, талантливее… тут — индивидуально. Но без уважения и восхищения женщине трудно испытывать возбуждение. Варианты либидинозного влечения к сыновним фигурам, к которым из чувств, в основном, жалость и нежность, тоже бывают, но это сложная тема и требует отдельного рассмотрения.

Кроме этого, женщина еще хочет быть защищенной. Причем защищенной по-разному: как взрослая женщина, как (будущая) мать его ребенка и как маленькая девочка. «Взрослая женщина» нуждается в подтверждении своей единственности, но понимает, что требовать это бессмысленно, а нужно самой стараться всегда быть привлекательной для своего партнера. «Маленькая девочка» будет ждать защиты, заботы и безусловного принятия от мужчины. И это нормально, потому что внутренний ребенок живет в каждом взрослом человеке и никуда от него не деться. Главное, чтобы голос ребенка не заглушал все остальные…

Однако, как бы ни хотелось себя обезопасить и наложить право собственности на «своего» мужчину, требовать гарантии его присутствия женщина не имеет морального права. Это уже ее творческая задача: заинтересовать, соблазнить и удержать. Единственная ипостась женщины, где пресловутое «мужчина должен» обретает вполне конкретный смысл — это «мать его детей». Потому что здесь уже отношения не двоих, а троих, четверых или… сколько кому Бог даст.

Пожалуй, потребность быть в отношениях у женщины главнее других. В любви женщина реализует себя, правда бывает, что любовь, предназначенная мужчине, направляется на ребенка… А еще бывает, когда потребность в признании у женщины становится на первое место, и тогда мы получаем то, что называется «бессердечная сука», когда основной источник энергии — это конкуренции с другими женщинами. Тогда мужчина из субъекта превращается в объект, в предмет манипуляций, источник неких благ. Если же потребность в привязанности чрезмерна, а безопасность, при этом игнорируется — получается «раба любви», и об этом стоит написать отдельно.

А что же мужчин, у них как? В отличие от женщины, мужчина, гораздо больше дорожит своей автономией. Почему? Мужчина формирует свою идентичность отдельно от женщины, он должен стать «кем-то» в мужском мире, и на этом основании действует, выбирает и вообще живет. Другими словами, мужская реализация — она вовне, в конкуренции с другими мужчинами. (Для мамы он и так самый лучший!). Поэтому нормальный мужчина выберет себе такую женщину, которая, прежде всего, его поймет и поддержит его жизненную позицию. Самый страшный страх мужчины — это близкая женщина, которая над ним смеется. Поэтому, главная потребность у мужчин в отношениях — это все же безопасность, доверие.

Мужчина очень боится неуспеха в отношениях. Если женщина им недовольна и отвергает его, то это переживается крайне болезненно. В этом месте потребность в безопасности увязывается с потребностью в признании (нарциссической). Если эти две потребности не удовлетворяются, мужчина уходит из отношений, как бы сильно женщина ему ни нравилась. Также, потребность в признании не менее важна и со стороны мужского общества, то есть, мужчине (как и женщине) важно гордиться своей половинкой. И возбуждаться на ее красоту, очарование, сексуальную привлекательность, которые так же очевидны для других мужчин! Но если нарциссизм сильно выражен — то сами знаете, как это выглядит: женщина тогда превращается в фетиш, становится дорогой, «статусной» вещью.

Похоже, потребность в привязанности (невротическая) у мужчины, выражена несколько слабее, чем потребность в безопасности и в успешности. И в этом главное отличие мужчин и женщин. Они тоже боятся одиночества, хотят любви, но при этом мужчина подстраиваться под женщину не станет. Удерживаться в разрушительных для своего «я» отношениях может только сильно зависимый мужчина, но это тоже отдельная тема.

А вот что общего для обоих полов в любви, так это притяжение разностью! (потенциалов). Мужчин привлекает чисто женское, а женщин — чисто мужское. То, что самому никогда не обрести, восхищает и притягивает. Восторг питает возбуждение. Поэтому, должна быть в партнере загадка, тайна, непостижимое различие — и тогда не угаснет интерес, и будет дух захватывает от неожиданности проявлений.

***

Очень важный, если не главный, признак зрелости мужчины - это способность выдерживать агрессию женщины.

Агрессия и контакт

Агрессия

Думаю, уместно будет написать об одном из краеугольных камней в гештальт-терапии - об агрессии.

Агрессия в гештальт-парадигме рассматривается как важнейшая движущая сила жизни, сила выживания и роста. Двигаться, ходить - бить ногами землю - это агрессивное действие; есть, жевать, разрывая зубами пищу - агрессивное действие (я уже молчу о пище животного происхождения), да что там - просто дышать - тоже агрессивное действие. Сложно с этим спорить, но почему-то некоторым людям очень трудно принимать собственную агрессию, признавать свою агрессивность.

Происходит такое в результате негармоничной или неполной сепарации от материнской фигуры. Если мать каким-то образом давала понять ребенку, что агрессивным быть очень плохо: кусать грудь, толкаться, тягать за волосы, обзываться, истерить - и мама его, такого, может покинуть (что для маленького человека равносильно смерти) – то малыш учится отвергать эту свою часть, направлять агрессию внутрь, подавлять или вытеснять, находить другие формы выражения агрессии, непрямые. В общем, теряет свободу в проявлении своей базальной энергии жизненной силы. Отсюда берут начало проблемы с личными границами, с аутентичностью, с построением здоровой близости, с партнерством, в которых будет «фонить» страх отделения, сепарации.

Но дело в том, что не признавать свою агрессию можно, но избавиться от нее нельзя. Эта базовая энергия найдет выход, как бы кто ни старался. Более того, непрямое выражение агрессии - куда более опасно и разрушительно для отношений. Прямая агрессия вообще редко бывает разрушительной, кроме варианта, когда она долго удерживается, а затем резкого выплескивается с аффективной силой. «Не бойся собаки брехливой, а бойся молчаливой» - гласит народная поговорка, - когда знаешь, чего ждать от человека, можно к этому приготовиться и затем качественно ответить. Все сложнее, когда не знаешь на что отвечать...

Например, человек улыбается тебе, говорит что-то... вроде бы ничего явно плохого или оскорбительного, но при этом почему-то возникает желание его убить, только пока не понятно за что?! И только спустя время, анализируя его (двойные) послания, понимаешь, сколько в них скрытой злости, а то и ненависти... А иногда интонация, жесты, мимика и прочие невербальные послания скажут больше, чем произносимый текст.

Или еще хуже: делает все для тебя - ну просто все, даже если ты его об этом не просишь, - самоотверженно служит, а для себя ничего не просит... Или демонстративно отказывает себе в своих потребностях. Манипуляция на чувстве вины - вообще очень мощное агрессивное действие.

Или еще: действия «невзначай»: оговорки, описки, случайное членовредительство или просчет в деньгах - это может быть все, что угодно: от невинных опозданий до создания смертельной аварийной ситуации.

В общем, примеров непрямого выражения агрессии очень много... Мы сталкиваемся с ними каждый день, да и сами проявляем на каждом шагу.

Еще один важный момент: агрессия не равно злость. Не стоит путать эти два понятия. Злость - одно из базовых чувств, и само по себе, ничего не может изменить; функция злости - слить энергию или просигналить о том, что границы организма нарушены. Просто злиться, пусть даже открыто и прямо, в ответ на раздражитель - достаточно ранний (младенческий) способ реагирования, снятия напряжения... Агрессия же - это конструктивное (или деструктивное) воздействие на среду с целью изменить ситуацию под себя.

Человек, способный свободно проявлять свою агрессию - большая редкость. Но к этому, пожалуй, стоит стремиться, по крайней мере, в близких отношениях. Если у вас с виду все хорошо, но при этом «топор лежит под сукном» - это во много раз опаснее для отношений. Настоящая близость возможна только при достаточной степени открытости и свободы в проявлении своего недовольства, установления своих границ.

Про секс я вообще молчу - это агрессия в чистом виде, только другой ее полюс. Сексуальность человека проявляется в свободной игре на «границе контакта»: внезапное вторжение в личные границы, потом отступление... с одной стороны, жесткая борьба за свои границы, с другой – проверка на прочность чужих... На этом строится искусство флирта.

Человек создает свой мир с помощью своей агрессии - изменяет среду под себя, борется за «место под солнцем». Это называется «аллопластический способ взаимодействия со средой», в отличие от аутопластического - когда организм приспосабливается под среду. Человек узнает о границах собственного «я» с помощью агрессии, любит - как ни странно - тоже с помощью агрессии... стоит ли отрицать эту силу внутри себя? На мой взгляд, «по-хорошему не агрессивный человек» - суть «не разрушительный» (в своей агрессии), то есть, тот, кто принимает свои интенции, но может свободно, и не в ущерб себе, их контролировать. Но для этого должен быть пройден долгий путь к зрелости.

Об агрессии в терапевтическом ключе

Продолжая тему агрессии, теперь хочу написать об этом в срезе психотерапии.

Похоже, чуть ли не самым важным качеством для терапевта, и вообще, для гармоничного человека - это способность свободно и конструктивно проявлять свою агрессию в отношениях. Свободно – то есть, вовремя и в произвольной форме, конструктивно - это значит эффективно для себя, и в то же время, не разрушая и не уничтожая.

И главное – прямо. Непрямые способы проявления агрессии, как известно, очень разрушительны для отношений. А это: манипуляции, двойные послания, обиды, заявления из проективной идентификации типа «я знаю, что ты такой-то - и не отпирайся!» и много, много разных форм... Это все мы можем, даже не всегда за собой замечая. А вот сказать прямо: «Слушай - достал! Вот тем-то и тем-то» - это, как правило, сложнее. Потому что немногие знают (в силу искажений в воспитании), что такое искреннее обращение не разрушает контакт, а наоборот, укрепляет. В таком послании появляется ясность и границы, и появляется ценность отношений. Но не все так просто...

Вот зачастую мы можем наблюдать в терапевтической сессии такую картину: сидит клиент и через каждые пять минут заявляет терапевту «Я злюсь», «Ой, как я сейчас злюсь!..», «Я так сильно сейчас злюсь на тебя!» и т.п. А ничего не происходит. Может, он и вправду злится, но только он свою злость так очень долго может переживать в одиночку... Злость - это чувство, и не более того, и если его просто называть, обозначать, ничего не поменяется. И будет ли в ответ какое-то движение, действие - не факт.

Для того, что бы что-то изменилось в отношениях, нужно что-то сделать из своей злости. А это уже - проявление агрессии. Например, заявить о своей переживаемой злости так, чтобы человек тебя точно услышал и задумался, впечатлить нужно. А для этого необходимо обозначить причину своей злости, а это уже задачка совсем другой сложности. Потому что для этого нужно здорово раскрыться, показать то самое больное место, в которое попал терапевт, любимый, или другой близкий человек... И это очень важный момент в отношениях: агрессия маркирует то, ради чего они существуют! Потому что нас тянет именно к тем людям, которые потенциально могут помочь пережить новый опыт в отношениях. То есть, к сложным для нас людям.

А если же в отношениях уже появилась агрессия и никто (а это обычно дело обоюдное) ее не легализует - отношения обречены. Потому что шило в мешке утаить сложно.

В терапевтических отношениях немножко по-другому, но тоже

интересно... Терапевт может хорошо замечать сложности прямого выражения агрессии клиентом, но ничего с этим сам поделать не может. Остается только говорить об этом клиенту и ждать, когда тот созреет. И зачастую это созревание подводит клиента к такому явлению, как негативный перенос в терапии. Это переломный момент в процессе терапии, и не все терапевтические альянсы его переживают.

Чаще всего клиент уходит из терапии (а случается, что и терапевт прекращает работу с этим клиентом) из-за непереносимости какого-то чувства, которое кажется чересчур агрессивным, чтобы его легализовать. Чаще всего, это злость или обида, но может быть и ревность, и зависть и даже... любовь! Что-то, проявление чего было фрустрировано в раннем опыте, и теперь представляется сложным для предъявления.

Но если этот этап все-таки пройден, то начинается совсем другая история отношений. Вроде как, до этого момента было только повторение старого опыта, а теперь - совсем другая жизнь, в которой возможны эксперименты, творчество, свобода...

О сути агрессии

Многие спрашивают: а с чего вы взяли, что агрессия - суть приближение? Ведь напротив, принято считать, что агрессия служит для увеличения дистанции с объектом, который неприятен или несет угрозу. Я думаю, здесь важно, разобрать тонкости понимания агрессии как таковой...

Для справки: корни слова агрессия – «ad» (к) и «gradi» (двигать) - говорят о движении вперёд или действии, но не определяют, есть ли при этом положительное или отрицательное намерение. Видимо отсюда проистекает двойственность понимания явления агрессии: само значение слова не говорит нам о том, имеет ли агрессия негативный или позитивный характер.

То есть, если я чего-то боюсь - я тут же хочу это разрушить. Но для этого мне необходимо приблизиться, чтобы это познать... Хорошая пословица есть на ту тему: «Держи друзей близко, а врагов еще ближе». Вы наверняка замечали за собой, что так и тянет как магнитом к тому, что пугает. Если я не ошибаюсь, фильмы ужасов и триллеры - самые кассовые жанры... Если что-то, или кто-то несет угрозу - оно становится очень привлекательным, потому что его необходимо понять, изучить, чтобы затем распознавать в будущем.

Вообще, любопытство агрессивно по своей сути. Это - желание проникнуть за границы человека, существа, явления... Как ребенок готов растерзать живое существо от «большой любви» и в жажде познать: как оно устроено внутри, и что оно может выдержать.

Из этого выплывает еще один «непонятный» и противоречивый, с виду, психоаналитический постулат: в страхе содержится желание, то есть то, чего мы сильно боимся - мы же страстно и желаем. Такая себе дуальная пара, полярности.

Кроме того, довольно часто агрессия, или агрессивные действия - такие, как захватнические войны всех разновидностей, - как раз напрямую и подразумевает присвоение части, или всего целого, себе, подчинение, обладание, поглощение.

Для пассивно-агрессивных личностей:

Когда живешь нормально, не ущемляясь - да вообще просто живешь, пытаясь, по возможности, удовлетворять свои потребности – в любом случае наступаешь на чьи-то границы, хочешь ты того или не хочешь. Помните, как у Хазанова: «Каждый вдыхает чистый кислород, а выдохнуть норовит всякую-то гааадость...»

А еще в животном мире глаза у травоядных животных располагаются по бокам черепа, а у хищников (как и у человека) - всегда фронтально.

Вот и думайте... Вряд ли человек рожден быть кормом для кого-то.

Разрушение и созидание

Я хорошо осознаю, и даже пропагандирую, важность прямого выражения агрессии в контакте, как о неизбежном и развивающем отношения компоненте. Но всякая ли агрессия будет конструктивной? Конечно, нет. Довольно часто есть потребность что-то выделить в контакте, чтобы восстановить баланс, но это необходимо делать экологично, если нет охоты эти отношения разрушать. Итак. Давайте рассмотрим, какие интенции разъедают контакт, а какие, напротив — укрепляют, пусть даже через неприятные переживания.

Известно, что суть и смысл психологической работы, по сути, в обеспечении для клиента одной простой вещи — проживания его чувств. Чтобы по-настоящему, качественно прожить чувства, необходимо их осознать и назвать. «Я плачу, потому что мне так больно!..» «Мне стыдно и страшно среди этих людей». «Мне грустно, что этого больше нет между нами»... Называть свои переживания это базовый навык, без которого невозможен диалог в принципе. То же касается и агрессии.

Если она уже возникла в отношениях, то ее необходимо легализовать и разместить, желательно, «по свежим следам», не дожидаясь накопления и превращения ее в токсические формы.

Самый лучший способ это сделать — сообщить о своих переживаниях, прямо и на понятном языке. Всё! Так просто, но и так сложно, в то же самое время... Сложно потому, что человек, в момент раскрытия своих чувств, становится максимально уязвимым, теряет защиту. Кроме того, к сожалению, мало кто владеет этим навыком: многим это даже в голову не приходит, ведь нас «учат» на совсем других примерах...

Привычно, мы сталкиваемся с более изощренными, и от того более разрушительными, формами выражения своей злости, зависти, накопленного раздражения, неудовлетворенности и прочих феноменов, которые, увы, могут возникать в контакте. Вот наиболее распространенные из таких форм, которых как раз стоит избегать:

1. Непрямые (двойные) послания. Это когда выражение агрессии завуалировано и, якобы, может быть истолковано по-своему. Таким образом, появляется возможность спихнуть на «ты не так понял» и «я пошутила», но это злит вдвойне, ведь тебя, по сути, дурачат. В результате, подмывается доверие и безопасность в контакте.

2. Обвинение. Послания, центрированные на местоимении «ты», по своей сути, всегда обвинительные, хотя с виду могут так не выглядеть. Это могут быть и вопросы, и утверждения, и даже пожелания, но если они исходят из ядра «ты не такой» — это обвиняющие послания, или так называемые, упреки.

3. Переход на личности, или удар по слабым местам. Когда в коммуникацию привлекаются сведения о человеке, которые не имеют прямого отношения к этому конфликту. Например, объединение данной ситуации с какой-то наблюдаемой ранее, там и тогда. Типа «ты так со мной обращаешься, как со своей мамой». Следующий уровень разрушения, для продвинутых — это «несанкционированный психоанализ»: когда свою личную уязвленность человек облекает в «диагноз» для своего обидчика. Это особенно больно в близких отношениях, когда человек использует против тебя твои же интимные слабости.

4. Эффект переноса. Это форма сравнения человека с кем-то, или с каким-то прежним негативным опытом. Обобщения, думаю, в ту же кассу, типа «все мужики…» Это очень обидно. И даже как-то унизительно потом доказывать что «ты не такой».

5. Токсическая помощь, то есть, когда ее не просят. Это тоже такая разновидность двойного послания: ты, мол, неспособный, слабый, не справишься.

6. Обесценивание. Ну, это уже «тяжелая артиллерия», «огонь на поражение». Это может быть откровенная неконструктивная критика типа «ты

отстой», но также, обесценивание может быть завернуто и в более изощренную форму, даже в виде похвалы. «Я от тебя большего и не жду, я смирилась и довольна тем, что есть», «А, ну для тебя это считается круто, я помню...» — знакомые мотивы, правда?

Как можно заметить, все эти формы нередко встречаются в сочетании, но общим для всех будет чувство злости, и даже ярости, которое поднимается в ответ, или неприятное «послевкусие» в постконтакте (как в душу нагадили).

Выражение же прямой агрессии, основанной на актуальных переживаниях, когда человек говорит (или дает понять невербально) о своих чувствах, никогда не бывает разрушительно. Иной раз даже послать подальше — это как сказать «люблю», как ни парадоксально звучит! Открытая злость сообщает о важности этого человека в вашей жизни, а также о доверии самому контакту: мол, эта лодка выдержит любой шторм.

***

Если женщина устраивает мужчине разборки и катает истерики - это еще не страшно, но значит, что давно пора что-то менять. Если женщина затихла и стала покладистой - не спешите радоваться, что все наладилось. Скорей всего, уже поздно.

Агрессия и контроль. Из одной оперы?

Часто эти два понятия идут рядом, почти тождественны в восприятии. Но, на мой взгляд, это чужие друг другу явления, если речь идет об отношениях. Порой даже противоположные, если вы хотите контакта, а не просто присутствия.

Агрессия - это всегда приближение, контроль — это следствие отдаления в контакте. Агрессия всегда аутентична. Формы могут быть разные, но суть агрессии — в выражении самого себя, таким как есть. Проявлением агрессии может быть выплеск злости, недовольства. Точно так же это может быть соблазн, вторжение в чьи-то границы своим обаянием, эротизмом...

И то, и другое контролируется, конечно, в пределах психического здоровья. Но не слишком, иначе агрессию-то никто и не заметит... То есть, проявление Ид. Такое, как оно есть на тот момент. И это про свободу (проявлений).

Когда возникает контроль, свободы уже нет. И, в первую очередь, у того, кто контролирует! Контроль всегда следствие страха, а под ним — неуверенности, невозможности рисковать. Если вы пытаетесь контролировать — вы уже проиграли, контакта нет. Встреча невозможна. (Поэтому можете не стараться).

В одной точке понятия контроль и агрессия сходятся — там, где я контролирую себя, чтобы не разрушить другого. У здоровых людей это на автомате, чувствуют как-то. Но если я пытаюсь контролировать Другого: его действия, чувства, мысли, - я уже не в контакте с ним. Я в своих представлениях о нем и о том, каким бы ему следовало быть (для меня), что ему делать (для меня), а чего не делать.

Возможно, контроль, это даже сверх-агрессивно, но не контактно. Контролировать — значит отдаляться, управлять извне. В то время как предъявлять себя агрессивно — суть приближаться и существовать рядом.

О выделении

Частенько случается, что в отношениях, прежде чем станет возможным что-то взять, необходимо что-то выделить. Ну, например, чтобы принять чье-то «прости», нужно какое-то количество злости в среде разместить. Естественный метаболизм.

Но также часто бывает, что из-за некоего страха эти «продукты распада» - чувства к уже прошедшему чему-то - удерживаются некоторыми слишком долго, и вскоре начинают отравлять организм.

И это очень печально. Ведь бояться, что агрессия что-то там еще разрушит в отношениях крайне глупо, ведь уже все (самое страшное) произошло. Самые тяжелые переживания - они уже случились, и сейчас продолжаются, по вашей милости. Ведь отказ проживать свои, так называемые «негативные», чувства в контакте, только увеличивает страдания.

Процесс поглощения предполагает и процесс выделения, не так ли? Вы же не отрицаете свою потребность посещать туалет и выбрасывать отходы из организма? Так почему же с чувствами должно быть как-то иначе?!

Разведка боем

В близких взаимоотношениях рано или поздно наступает момент, когда обе стороны начинают с особым пристрастием проверять границы друг друга. Исследовать, пробовать на устойчивость, проверять, испытывать... Особенно ярко это проявляется у личностей, которые выросли в среде без достаточной поддержки, внимания, заботы - «синдром ребенка из детдома» который может проявляться у людей из вполне благополучных, с виду, семей.

Такой ребенок, ныне уже выросший, может проявлять - а также и выдерживать от других - нежность и любовь только через агрессию: переживание непосредственной близости для него настолько непереносимо, что приближение возможно только через проживание негативных чувств. Он будет злить, выводить из себя того человека, который вдруг окажется для него важным, «испытывать его на прочность» - на сколько тот сможет выдержать его, а значит - принять.

Как правило, этот момент наступает и в отношениях с терапевтом, потому как в терапевтических отношениях проигрывается все, что имело место в анамнезе. Клиент вдруг начинает опаздывать, забывать про встречи, про оплату... или же просто открыто агрессирует на терапевта: не так, мол, лечите, не то говорите, да и вообще... Это расценивают как признаки негативного переноса.

В принципе, это хороший знак - клиент уже рассматривает терапевта не как функцию, как врача, а готов на встречу с живым человеком. Агрессия - это всегда приближение. Но, с другой стороны, жаль, что из всех возможных форм приближения, бывает доступна только такая.

Ведь сказать: «я тебя люблю» или «ты мне важен», «ты мне интересен» - это тоже агрессия, вторжение. Но часто это оказывается почти невозможным вот так, напрямую.

Не время

Не сдерживать себя - это, в целом, скорее хорошо. Хотя бы оттого, что все-таки, мы сдерживаем себя чаще, чем следовало бы - так уж сложилось у большинства людей, то ли благодаря культуре, то ли в силу семейной истории - бывает по-разному. Только, от противного, еще не означает, что быть спонтанным и являть в контакте все свои переживания - это крайне здорово. Безусловно, тут же выделить свеже-возникшее напряжение бывает очень приятно, но если это действие осмысленное, и преследует определенную цель, то не всегда спонтанные реакции хороши. Да и вполне обдуманные, но при этом, эмоционально заряженные - тоже далеко не всегда бывают конструктивными.

Неудивительно, ведь если кто-то готов явить миру свои переживания, это еще не значит, мир готов их принять! Аутентичность не равно обезбашенность. Для проявления своих чувств нужна подходящая форма - но это, я думаю, и так понятно... Хотя проявление любых чувств - действие, уже само по себе, весьма агрессивное. Даже если эти чувства «положительные», как-то: нежность, любовь, восхищение...

Но даже самая удачная форма не поможет, если это - не время. Просто потому, что контакт еще не «вызрел», и у двух сторон актуальны разные потребности на данный момент. К примеру, потребность в безопасности и потребность в близости - с трудом совместимы. И если в контакте кто-то один готов к сближению, а другой пока нет, то проявление агрессии - в любой, даже самой красивой форме - будет только способствовать отдалению.

То есть, я хочу сказать, что не всегда можно «достучаться» до человека своей агрессивной откровенностью. Зачастую, такая экспрессия может оказаться токсичной. Иногда приходится строго дозировать свою контактность, иногда приходится просто ждать.

Экзистенциальное

Про ожидания и определенность

Есть такая народная мудрость: «Меньше ожиданий - меньше обломов». И ведь правда, не лишним бывает себе напомнить другой раз. Почему - толком не знаю, но это так: большие ожидания и очарования всегда заканчиваются разочарованиями. Может быть потому, что очарованный человек теряет бдительность, и голос его интуиции не может пробиться сквозь эйфорию? Но возможно, сюжет и посложнее...

Но, так или иначе, стремление человека к определенности, предсказуемости всегда играет с ним злую шутку. Потому что мир по определению не может быть предсказуем и, расслабляясь, человек отчасти утрачивает свои адаптационные свойства.

Именно про это одна из моих самых любимых даосских притч.

Жил-был один цыпленок. Он сидел в своем курятнике, и каждый раз, когда к нему входил человек, он начинал с криком метаться по углам и не успокаивался до тех пор, пока человек не уходил и не запирал за собой дверь. Так продолжалось довольно долго, и цыпленок со временем стал замечать, что появления человека не несут в себе ничего опасного: после его ухода в курятнике остается еда и свежая вода. И цыпленок задумался... И вот, когда в 1000-й раз к нему снова вошел человек, цыпленок не стал от него шарахаться. Он стоял и спокойно смотрел на него, даже когда человек подошел совсем близко. А человек взял цыпленка и свернул ему шею.

Жизнь как система и жизнь как процесс

Человек может выходить за собственные пределы, только опираясь на собственную истинную природу, а не на амбиции и искусственные цели.

Фредерик Перлз

Нас с пеленок учат воспринимать и придерживаться некой системы: моральной, этической, духовной... А в рамках любой системы всегда возникают категории «хорошо - плохо» и «правильно - не правильно». И с этими категориями вырастает человек, ведь, согласитесь, мало кого учат осознавать себя.

Мы привыкаем жить в описательном мире, и обучаться на чужих примерах. С одной стороны, это нормально и даже неизбежно: любое обучение начинается с интроектов - неких знаний, правил, установок. Но когда эти знания становятся убеждениями, написание своей собственной истории оказывается затруднено.

Некие сложности в адаптации заставляют человека искать его вовне, чтобы восполнить пробелы в своем личном опыте. И здесь возникает большой риск...

Бесчисленное количество тренингов, систематизирующих направлений в психологии и даже в т.н. «психотерапии» ориентированы именно на то, чтобы дать некую технологию, которая обещает какой-то гарантированный результат по принципу «делай как мы и будешь ты счастлив», или «изучи это и будешь знать как...»

В любой, самой привлекательной, системе транслируется чужой опыт, который прожил кто-то: автор бестселлера, ведущий чудо-тренинга, очередной «духовный учитель». Зачастую клиенты такого же просят и у своего терапевта: подскажите, научите – «накормите», одним словом.

Суть же настоящей психологической работы состоит в восстановлении целостности и подлинности личности. Психотерапевт помогает человеку познавать и принимать себя, проживать свой собственный опыт. Неповторимый, а потому непредсказуемый.

Оставаться живым - значит сохранять чувствительность на границе каждого нового контакта. И в каждых отношениях человеку приходится изобретать новую этику, новую мораль, новую схему поведения... Потому что жизнь - это бесконечный творческий процесс, систематизировать который нельзя.

Только оставаясь верным себе, своим процессам, своим феноменам на границе контакта можно обрести свободу быть. Но возможно, она не всем и нужна?..

Простые решения

...О, как же часто их не хватает! В каждом конфликте, в каждой проблеме так хочется все быстро расписать: тут поступить вот так - и будет вот это... так же всегда происходит, верно? - если поступать вот так?... Как в детских сказках, все понятно, все четко: этот человек - злодей, и от него нужно избавиться, а этот - хороший, и он (по идее) во всем должен быть хорошим; в сказках принцессы всегда выходят замуж, а судьба любого дракона - в конце концов, умереть от руки героя.

Нас как магнитом притягивают книги с волшебным словом «Как...» на обложке, где мы надеемся получить простые ответы на свои непростые вопросы. Мы посещаем тренинги и семинары с волнующей нас тематикой. Мы ступаем в кабинет психолога с животрепещущим «как быть?!». Мы взахлеб смотрим фильмы и реалити-шоу о чужой жизни, читаем блоги и откровения с одной лишь целью - узнать: а как у других? То есть, как вообще бывает в жизни... Чтобы получить хоть какой-то ответ.

Да, бывают некоторые повторения в судьбах мира, бывают

классические ситуации... Люди похожи. Но все-таки каждый может прожить только свою жизнь, и шаблоны не действуют.

Но нужно признать, что такое соучастие часто помогает понять себя. Мы можем что-то почувствовать, что-то уловить из чужих переживаний, которые созвучны нашим. Мы даже можем поймать ценный инсайт и что-то изменится в сознании. Мы можем осознать свои ошибки и приобрести новые навыки. Это ценно, но зачастую этого недостаточно.

Потому что так мы не можем прожить.

Прожить страх, охвативший внезапно, или удушающий стыд, или ярость... - чувства, которые возникают только в контакте. Прожить сполна ту боль, которая есть неотъемлемый спутник настоящих изменений.

Хороший психолог, или мудрый друг, не даст ответ на вопрос «как?», не обеспечит простым решением сложной проблемы... Хороший психолог поможет пройти сквозь испытание духа (не побоюсь такой метафоры) и выйти за пределы нынешних переживаний.

Потому что невозможно решить проблему, находясь на том же уровне, на котором она возникла - так ведь когда-то говорил Эйнштейн?..

Мистический тип мышления

Это как? Когда не доминирует ни правое полушарие, ни левое... То есть, мистики не мыслят ни логически, ни интуитивно, они вообще мало мыслят. В идеале - полная остановка внутреннего диалога, «чистое сознание».

Мистики не опираются ни на логическое систематизирование, ни на здравый смысл. Верят только в таинство жизни, в многократное повторение опыта. Каждый день, каждый час начинают все с нуля - проверяют истины, проверенные уже многократно.

В этом смысле философия гештальт-подхода близка к мистическим учениям. Гештальт-терапия опирается на феноменологию, на то, что есть по факту здесь и сейчас. И то, что было до этого – уже в прошлом, и оно не властно над новым. Если человек, конечно, сам захочет лишить прошлое силы...

Только так можно вернуть себе свою же жизнь.

Все мы разные

Один не разберет чем пахнут розы...
Другой из горького цветка добудет мед.
Кому-то хлеба дашь - на век запомнит,
А за кого-то жизнь отдашь - и не поймет.
Омар Хайям

Увидев это стихотворение, я вдруг вспомнила своего самого первого клиента, человека с трудной, но яркой судьбой: травматичное детство, криминальное прошлое и очень успешное настоящее. Я помню, как восхищалась его жизнестойкостью, и сказала, что сама вряд ли бы выжила при подобных испытаниях. И он мне ответил тогда: «Один человек - как камень, а другой - как цветок...»

Он прав... Люди восприимчивые, чувствительные, талантливые больше подвержены всевозможным нервным расстройствам, зато им многое доступен более широкий диапазон чувств и переживаний. Их жизнь ярче и богаче, чем у более приземленных индивидов. У всего есть своя цена, и чувствительность может быть и даром, и наказанием - смотря как этим ресурсом распорядиться.

Про пластичность и выживание

Думаю, что никого не удивлю, сказав, что жизнь полна разочарований. Желания людей слишком часто не совпадают, и предательство. В этом смысле - более чем естественная вещь, потому что любой человек скорее предпочтет свои интересы. Пусть это и горько, но ведь никто не рождается для того, чтобы оправдывать чужие ожидания.

Как выжить в этом жестоком мире? Как сохраниться, чем защитить себя от бесконечных фрустраций, разочарований?.. Одни люди живут по принципу: «Не верь, не бойся, не проси», философия других – «Ударили по правой щеке - подставь левую».

В первом случае границы получаются настолько жесткие, что приблизиться к вам не сможет никто, ведь как распознать того, кто не предаст? Во втором варианте - границ нет совсем, но как можно любить весь мир, если вы себя потеряли?..

Есть третий путь - путь гибкости. Быть пластичным - значит больше в себя вмещать и быстро восстанавливаться. Только человек с достаточно прочными, но гибкими границами может строить зрелые отношения, без панического страха разочарования, отвержения, поглощения.

Откуда берется эта пластичность, и какие вещи помогают ее развить?

Во-первых, проживание. Сталкиваясь, скажем, с отвержением, мы неизбежно чувствуем боль. И первая, естественная, реакция на нее - это обесценивание: «да он просто козел, это же понятно!», «ой, да не очень-то нужно было...» и т.п. Так мы отвергаем свою боль, вытесняем ее, и тогда это чувство продолжает жить своей жизнью в нас. Как, впрочем, и любое другое, например, страх, стыд...

Только проживая все свои чувства в контакте, можно с ними попрощаться - они так и останутся мимолетными чувствами. «Это не он козел -

это мне настолько больно сейчас», «мне очень этого хочется, но я очень боюсь...», «я не обязательно неудачник, просто сейчас мне очень стыдно за свою плохую работу».

Особенно здорово проживать свои сложные чувства с кем-то. Встретиться с тем, что вы не один такой, кто сталкивался с подобным - большое дело! Хорошо, если это будет специально обученный (психолог, психотерапевт), или просто умный и чувствительный человек, которому вы доверяете.

Во-вторых, ассимиляция опыта. Спросите себя: «что это было? как это произошло? что я сделал, или не сделал, что я оказался в этой точке своего опыта?» Здесь также очень хорошо пригласить кого-то послушать вашу историю: совместный анализ приятней и продуктивней.

Если эта работа проделана, можно идти дальше и получать новый жизненный опыт. Если же вы рассыпались от «удара судьбы», то дальше вы будете выдавать только травматическую реакцию на подобные события. Тогда не удивляйтесь, что от «козлов» не будет спасения, а неудачи станут привычным делом в вашей жизни.

И наконец - смирение. Примите тот факт, что мир не создавался под ваши нужды, и вы - не центр Вселенной. Мир может быть неудобен вам, и ему все равно, что с вами произойдет. Это уже ваша творческая задача под него приспособиться, или что-то под себя приспособить.

И у вас для этого достаточно ресурса, поверьте мне!

Вера, Надежда, Любовь

Страх и желание - это всем хорошо известные полярности, и они всегда дополняют друг друга. Сильное желание чего-то вызывает страх этого не иметь, а сильный страх приближает исполнение того, чего боишься.

И иной раз, когда чего-то очень-очень хочешь, и напряжение растет, и понимаешь, что портишь все - как быть? Это очень нехорошо - знать, что ты чего-то хочешь. Это знание рождает ожидания, а они, в свою очередь, приводят к разочарованию.

Как справиться с этим порочным кругом? Не желать страстно? Не ожидать ничего? Легко сказать. Да и утрата надежды - не самое лучшее состояние...

У меня, например, такой способ: фокусироваться не на том, что может произойти, а на том, что могу потерять в результате. И что тогда будет, со мной. И стараться примерить это на себя уже сейчас, мыслями и чувствами, как яд в малых дозах - это лекарство. Это одно.

А другое - это держать во внимании все время то, что я на самом деле хочу, свои ценности, и без компромиссов! То есть, такие, которые будут актуальны не на сегодня, а на несколько лет. Можно на всю жизнь. И рассматривать ситуацию уже с этой высоты: стоит она таких переживаний или нет.

И тогда, в свете этих ценностей - в том числе, моей собственной ценности - многие желания (вожделения) затухают сами собой. А настоящее всегда будет со мной, если я верна себе останусь. Для меня это и есть: Вера, Надежда, Любовь (и мать их София) - как фундамент истинной религиозности.

О добре и зле

Как только разделение на хорошо и плохо захватило сознание человека, началась нескончаемая битва добра и зла... И в этом каждодневном сражении сгорает море жизненной энергии, а вместе с ней, возможностей и - как это ни парадоксально - любви к ближнему. Потому что понять и принять другого человека, со всем его «злом» не представляется никакой возможности, если собственная целостность утрачена.

Осуждение себя за жестокость, трусость, слабость, невежество, завистливость - да Бог его знает за что еще - создает расщепление на виновного и карателя. «Собака снизу - собака сверху» у Перлза. И это же неизбежно переносится во внешний мир взаимоотношений, кого-то осуждаем, кого-то отвергаем...

Вот так и выходит, что борьба за правое дело всегда оборачивается сущим адом.

Ни одно живое существо на Земле не способно желать себе зла, кроме человека. Ни одному животному не придет на ум разрушать себя, если у него что-то не получается! Оно будет бороться до последнего за свою жизнь, за свое существование, которое никогда не назовет «жалким».

Казалось бы, людям дано больше других. Но также, в нас встроено нечто, что может свести все это на «нет», и даже в минус.

Виной всему - оценочное мышление, склонность разделять все на «за» и «против», на хорошее и плохое, на черное и белое...

Исцеление реальностью

Мы привыкли к тому, что нужно все время куда-то двигаться, что-то делать. Если больно, то нужно стараться избежать боли, если скучно, то нужно чем-то себя развлечь, если страшно — срочно что-то придумать, предпринять... Нас так учили. Но суть в том, что жизнь — никогда не то же самое, что мы о ней думаем. Именно в момент поиска, ухода, реальность ускользает от нас. А ведь все, что нужно — это встретиться с собой, со своими чувствами, и пожить этим какое-то время искренне. Наши защиты «говорят» нам: это не так, все не так плохо, все еще впереди… Так безопаснее, но это — не правда, вот в чем суть.

Реальность — это все, что есть, даже если нам это совсем не нравится. Не любит, не сбудется, не самый лучший, не можешь, не хватит, не изменится… Это — так. Сейчас — так. И всякий там «настрой на лучшее», оптимизм, надежда и прочая ересь — не более чем разновидности самообмана, мастурбация мозга. Ни одна мечта, ни одно желание никогда не сбудется, пока вы не окажетесь в точке контакта с реальностью. То место, где вы стоите — это единственное возможное место, здесь и сейчас.

И тот, кто смел, кто имеет силы оглядеться вокруг, щурясь и морщась, тот «побеждает». Потому что именно в этот момент все происходит — все, что нужно. Происходят необходимые внутренние изменения, наступает ясность. Из этой ясности затем уже можно что-то делать, куда-то идти — уже будет ясно куда.

Время тоже не лечит. Но оно может помочь, в итоге, встретиться с настоящим, постепенно отрезая по кусочку все иллюзии, позволяя им отмирать. Но это не обязательно: можно дурить себя долгие годы, история знает много примеров… «Надежда умирает последней», но хорошо ли это? Надежда всегда сопряжена с тревогой — с нереализованным возбуждением, которое подпитывается стратегиями ума: как бы что-то выиграть. Но не всегда надежды проходят испытания реальностью.

Другое дело — вера. Вера всегда исходит из смирения с настоящим, вера иррациональна, она за пределами ума…

О "сбыче мечт", или: то, что ты ищешь, тоже ищет тебя

Популярную среди людей идею о материальности мыслей очень обожают критиковать психологи, но думаю, что она не такая уж бредовая по сути - все зависит от понимания. Действительно, магическое представление о том, что чья-то сильная мысль может оказывать воздействие на реальность, вызывает вполне здоровый скепсис, и даже тревогу за сохранность критики. Но кое-что можно объяснить даже логически. К примеру, тот факт, что мы склонны замечать вокруг то, на что настроены в данный момент, можно объяснить избирательностью восприятия. То есть, мы обращаем внимание на то, о чем сейчас думаем, а в другом состоянии, с другими мыслями, мы бы прошли себе спокойно мимо...

Но это слишком поверхностно, а я хочу пойти в феноменологию и коснуться загадочной теории поля, согласно которой каждый объект или субъект является частью единого поля, таким образом, происходит влияние части на целое и наоборот. То есть, поле, в котором пребывает человек, неизменно воздействует на него, но и человек также формирует определенное поле вокруг себя.

В какой-то момент времени человек испытывает определенную потребность, и она может быть со знаком плюс или минус. То есть, человек, вдруг, оказывается заряженным своим желанием что-то потребить или, напротив, от чего-то избавиться. В соответствии с этим, он подбирает себе подходящую возможность из бесконечного поля вокруг себя. А поле, в свою очередь, тоже непрерывно изменяется, в том числе, и под воздействием этого самого человека...

В общем, это довольно запутанная история, как же оно все-таки происходит, что из пространства вдруг начинают «выпадать» вещи, люди, необходимая информация: «на ловца и зверь бежит». Точно никто не знает, как мне кажется, по крайней мере, я такого человека пока не встречала.

Но главное здесь не физика и механика «сбычи мечт», а собственно, психологические и энергетические условия для реализации желаемого. То есть, я хочу сказать, что просто чего-то хотеть и думать про это - недостаточно. Для того чтобы «поле сработало» на вас, необходимо иметь внутреннюю готовность это присвоить, аутентичное соответствие своему желанию - то есть, быть в контакте со свой потребностью.

Как это? Ну вот, к примеру, сидит на приеме девушка и плачет, что ей уже глубоко за двадцать, а она все еще не замужем. Она страдает, и очень боится за свое будущее - и это все вполне искренне, в этом сомнений никаких нет. А она «так страстно этого хочет», но все это звучит как-то странно: почему, если так сильно хочет, все еще не замужем? А девушка очень привлекательная и женственная, и вообще хороша во всех отношениях. Подозрительно для терапевта, что-то здесь не так.

И вот, после определенной психотерапевтической работы становится очевидным - и неожиданно для самой девушки - что замуж-то она вовсе не хочет, а точнее - хочет, но не она: хочет ее мама, да и другие родственники тоже весьма не против, но - не она, к своему большому удивлению. А почему? А потому что, на самом деле, ощущает себя глубоко неправильной, недостаточно хорошей, и даже где-то ущербной - ну как с такими чувствами с мужчиной сближаться? Стыдно, страшно и даже немного виновато. А стыд и страх порождают желание убежать, скрыться, или - быть отвергнутой, и даже наказанной... Иными словами, в поле она подает совсем не те сигналы, и совсем не те выборы каждую секунду совершает, которые могут привести к удачному замужеству.

И так во всем и у всех: касается ли вопрос карьеры или любви, или денег, или, тем более, здоровья. Человек всегда оказывается в том месте, где хочет оказаться; людей с травмой в этом плане особенно жалко, потому что они как раз (неосознанно) стремятся пережить заново то, что доставило им большие страдания.

Чтобы хорошо жить, главное - это сохранять чувствительность к полю и доверять ему. Ваша жизнь - это отражение ваших же переживаний, в первую очередь, самого себя. Восприятие человека похоже на фильтр: мы выбираем из бесконечного поля вариантов именно то, что нам нужно в данный момент, и то, что мы готовы себе присвоить. Замечали, наверное, что одни и те же люди, одни и те же места, но в другом психологическом состоянии воспринимались вами очень по-разному? Вот это оно.

И еще: никогда не обольщайтесь, если «делаете для этого все возможное», а оно никак не получается – значит, вы во власти иллюзий. Что-то здесь не чисто.

То, что ты ищешь, тоже ищет тебя! И, как правило, находит.

Смысл жизни?

В чем смысл жизни? В том, что его нет. Есть лишь иллюзия движения куда-то — череда из ощущений и переживаний, которые мы испытываем, когда включено внимание. Наверное, это и есть жизнь, пока жив тот, кто что-то чувствует.

Красота пейзажа, пьянящий воздух, адреналин в крови, ласковый луч солнца, пронзительный вкус чего-то, необъяснимое ощущение полноты бытия… Что-то случается с нами всегда и везде — непрерывно — но мы привыкли оставлять это в фоне, фокусируя внимание на какой-нибудь идее. Мы чаще всего находимся либо в прошлом, либо в будущем…

Так, Жизнь вынуждена пробиваться сквозь обремененное сознание: ощущения притупляются, и даже сходят на «нет», чувства остаются незамеченными. Только сильная эмоциональная встряска порой может вернуть взрослого занятого человека в состояние повышенного сознания, если это не намеренная медитация или психотерапия… Повседневная жизнь у многих напоминает бег по кругу. Зачем только - не понятно.

Не ходите далеко: все, что вам нужно для счастья, уже рядом. Нет смысла быть несчастным, так же как нет смысла быть счастливым... Смысла вообще ни в чем нет... Есть только то, что происходит с вами здесь и сейчас, происходит постоянно, пока вы живы.

О приоритетах

Сегодня в работе с клиентом прозвучала тема про то, как же хорошо жить для себя, наслаждаться одиночеством как свободой, заботиться только о своих удовольствиях. Когда не нужно удовлетворять кого-то, ублажать, чтобы сохранить отношения... И вдруг подумалось: ну как же так получается, что каким-то образом, незаметно, другой человек забирается на первое место в жизни? Как это возможно, чтобы кто-то стал важнее меня самого?..

Абсурд. Но почему-то прижились в народе эта идея, что можно, оказывается, жить для Другого, жить ради кого-то. И что даже это хорошо иногда! Может, это влияние христианской морали на культуру — возлюби ближнего своего как себя самого? Или, может, напротив, со-зависимая культура так оправдывает себя, через мораль?.. Да, в сущности, не важно даже: хорошо это или плохо, а дело в том, что так действительно бывает. Когда близкого человека, с его интересами, с его потребностями, помещают на первое место. Это тот случай, когда вопросы: «а чего хочу я?», «неужели я чего-то хочу?», или даже «кто я?» — могут серьезно поставить в тупик. Про себя просто хорошо забыли, а может, даже и не успели познакомиться...

Но если хорошо подумать, то как такое возможно, чтобы чужой человек стал важнее, чем я? Да никак не возможно. Потому что нельзя быть у себя на втором месте! И на третьем нельзя (мол, для меня важнее муж и ребенок, а потом уже я — вот такое мое счастье). Вы у себя одна! (или один).

И не может растворение в другом оказаться «такой сильной любовью», это — всего лишь страх столкнуться с пустотой. На первом месте не может стоять другой человек, а вот страх его потерять — может. И тогда к кому тогда такая любовь?.. Правильно — к себе. Так не проще ли сразу признать это: что дороже себя, своих переживаний, никого быть не может. И что все, что делается якобы «для ближнего» — это все делается для себя! Чтобы избежать боли, например. И только вот тогда, с этого момента может начаться любовь к кому-то еще: близость, нежность, сострадание... Но для начала, нужно самому появиться. Когда нет «я» - любить просто некому! Тогда только ужас...

Верните себя себе, поставьте обратно на первое место. А если вы вдруг заподозрили, что охвачены таким вот страхом-ужасом по поводу ухода любимого человека, спросите себя вот о чем. Как бы вам больше понравилось: чтобы он любил только вас и был верен вам, но отчего-то внезапно умер, или оставил бы вас ради кого-то еще и продолжил бы жить радостно и счастливо, но уже не с вами? Только честно.

Вот.

**

Если вы включаете в свои планы другого человека, вероятность их исполнения сильно снижается. Если же вы делаете кого-то ответственным за свое счастье - оно обречено.

Одиночество людей

Есть у каждого человека внутри такая зона, где он совсем один. То есть совсем. Это место, куда не попадет даже самый близкий человек, даже если бы очень захотел. И также это такое место, куда никого не захочешь впустить, даже если бы это было возможно. Это место это называется «Я».

Личность дело таинственное. Если она вообще есть, сформирована и сепарирована. И осознается, конечно. Мы приходим в этот мир в одиночестве и так же его покидаем. Это зона отчуждения, экзистенциального одиночества, где каждый только сам по себе, наедине со своими вызовами, кризисами, со своей собственной жизнью.

Любые отношения, любая самая близкая близость возможна только до этой черты. А дальше только «Я». И еще, возможно, Бог… Психика герметична, и другой человек никогда не сможет почувствовать то же самое, понять, прожить.

Эта прекрасная иллюзия единства, или единения, одной души на двоих, похожести до одинаковости — короче, глубокого слияния, очень греет душу. И манит, манит, как те кисельные берега далекого детства, когда личности еще не было, а только безграничное блаженство «Мы»… Но дело в том, что другой может быть только рядом, но не внутри.

Человек рождается не когда его пуповина была разрезана, и не когда начинает ходить, или говорить, или высказывать свое мнение по какому-либо поводу… И не с получением диплома о высшем образовании даже. Человек, как личность, рождается тогда, когда обнаруживает себя в этой зоне отчуждения, и оказывается способным проживать свое тотальное одиночество. Быть самому, не сваливаясь в слияние, не пугаясь этой красоты и свободы быть.

И только с этого момента человек обретает способность любить по-настоящему. Такого же одинокого, голого и беззащитного человека, как и он сам. Сострадать. Помогать расти. Быть просто рядом.

***

Человек отвечает только за самого себя и за то, что он делает в этой жизни. И соревнуется только с собой, с возможным собой... Грех – это предательство себя, несоответствие себе, неравенство своей божественной природе. Но наказания каждый выбирает себе сам.

i want morebooks!

Покупайте Ваши книги быстро и без посредников он-лайн – в одном из самых быстрорастущих книжных он-лайн магазинов! окружающей среде благодаря технологии Печати-на-Заказ.

Покупайте Ваши книги на
www.more-books.ru

Buy your books fast and straightforward online - at one of world's fastest growing online book stores! Environmentally sound due to Print-on-Demand technologies.

Buy your books online at
www.get-morebooks.com

VDM Verlagsservicegesellschaft mbH
Heinrich-Böcking-Str. 6-8   Telefon: +49 681 3720 174   info@vdm-vsg.de
D - 66121 Saarbrücken   Telefax: +49 681 3720 1749 www.vdm-vsg.de

Printed by Books on Demand GmbH, Norderstedt / Germany